LES PRINCES

D'ORLÉANS

Les seize portraits que renferme ce volume ont été dessinés par L. BRETON et gravés par ROBERT.

PARIS. — TYPOGRAPHIE DE HENRI PLON, RUE GARANCIÈRE, 8.

LES PRINCES D'ORLÉANS

PAR

CHARLES YRIARTE

PRÉFACE

PAR ÉDOUARD HERVÉ

DEUXIÈME ÉDITION

PARIS

HENRI PLON, IMPRIMEUR-ÉDITEUR

RUE GARANCIÈRE, 10

1872

Tous droits réservés.

LOUIS-PHILIPPE-ALBERT

COMTE DE PARIS

LES PRINCES
D'ORLÉANS

PAR

CHARLES YRIARTE

PRÉFACE

PAR ÉDOUARD HERVÉ

DEUXIÈME ÉDITION

PARIS

HENRI PLON, IMPRIMEUR-ÉDITEUR

10, RUE GARANCIÈRE

1872

Tous droits réservés

PRÉFACE

DE LA NOUVELLE ÉDITION.

Ce premier volume de « Portraits contemporains »,
consacré aux princes d'Orléans, a eu la fortune que
M. Édouard Hervé lui avait prédite dans sa Préface. Écrit en dehors de toute visée politique, à
l'insu même de ceux qu'il mettait en scène, il a
soulevé d'ardentes polémiques dans toute la presse
française. L'auteur avait cru qu'il était possible à
un écrivain désintéressé, libre de son passé comme
de son avenir, qui n'a donné de gages à aucun
parti, et se croit doué d'un certain calme et de
quelque impartialité, d'étudier avec sang-froid chacune des personnalités qu'on désigne sous le nom
de « Prétendants ».

Passer du comte de Chambord aux princes d'Or-

léans, de M. Thiers à M. Gambetta, présenter chacune de ces figures sous ses faces-multiples, éclairer
ces caractères, sans passion, sans rancune, sans
complaisance, c'est là, paraît-il, une œuvre interdite
à un écrivain. Il faut être d'un parti et, surtout, en
épouser toutes les rancunes. Orléaniste avec le
comte de Paris, légitimiste avec le comte de Chambord, républicain avec M. Thiers et radical avec
M. Gambetta, il semble que nous n'aurions plus
été, au sortir de ces études, qu'un homme sans
conviction, qui change trop facilement son point
de vue, probablement parce qu'il ne sait point nier
les qualités d'un prétendant pour plaire à l'autre,
ou insulter tout un parti pour mériter les applau-
dissements du parti contraire.

Qu'on nous classe donc dans telle ou telle caté-
gorie d'opinions, voilà qui importe peu, et notre
mince personnalité ne sera un appoint pour aucune.
Mais ce qui importe beaucoup à tous, ce qui est de
notre droit comme de notre devoir, c'est, lorsque
des personnalités politiques, princes ou hommes
d'État, sont en vue, et peuvent un jour ou l'autre
jouer le premier rôle dans les destinées de notre
pays, de rassembler sur eux des documents irréfu-
tables qui éclairent le jugement du public et faci-
litent la tâche des historiens de l'avenir.

Comment, il ne serait pas permis à un galant homme de se désintéresser des passions humaines au milieu de la fureur des partis, d'essayer de n'être la dupe de personne, et de sortir les mains nettes et la conscience pure de cette expérience, tout en gardant au fond de son cœur ses secrètes convictions qui n'importent à personne! On ne pourra point, en observateur bienveillant, en homme de bonne compagnie, passer d'un camp dans un autre sans les trahir tous les deux! Quelle intolérance et quelle étroite philosophie!

D'ailleurs la plupart de ceux qui nous ont attaqué avec tant de violence nous ont jugé sur la préface et condamné sur le titre. Nous sommes resté fidèle à notre programme, nous n'avons pas énoncé un seul principe, et nous sommes resté ce que nous voulons être, un biographe (bienveillant, sans doute, ceci est affaire de tempérament), un écrivain véridique. Mais aux yeux d'un parti, c'est déjà un crime d'étudier les caractères des hommes du parti contraire. Nous ne nous laisserons cependant pas arrêter par ces considérations, et nous accomplirons notre tâche, si singulière qu'elle paraisse à ceux qui aiment mieux considérer ce qui les sépare de leurs adversaires qu'apprendre ce qui pourrait les en rapprocher. D'ailleurs il y a un juge suprême, c'est le public, et l'accueil qu'il vient de faire à cette première série de « Portraits contemporains » nous montre qu'il nous suit dans la voie que nous nous sommes tracée, nous gardant de toute idolâtrie comme de tout dénigrement systématique.

C. Y.

Monsieur,

Votre livre n'est pas une œuvre de parti : ce n'est pas même une œuvre politique. Vous avez évité avec grand soin et avec grande raison de lui donner ce caractère. Vous ne pourrez pas empêcher cependant qu'il ne provoque des réflexions politiques, et que peut-être même il ne soulève des discussions de partis.

Comment en serait-il autrement? Aujourd'hui plus que jamais, après les mécomptes du passé et en présence des incertitudes de l'avenir, les princes d'Orléans sont un objet d'espérance pour les uns, de crainte pour les autres, d'attention pour tous.

Ils ont beau faire ce qui dépend d'eux pour n'être pas des prétendants, il leur est impossible de n'être pas des princes. Ni leurs amis ni leurs ennemis n'oublient quel sang coule dans leurs veines, quels souvenirs ils rappellent, quels principes ils représentent. Ils peuvent ne pas chercher de rôle, mais ils se tromperaient s'ils croyaient qu'ils pourront se soustraire à dé certains devoirs.

La France traverse en ce moment une des crises les plus terribles de son histoire. Au milieu de ses agitations, elle a trouvé un moment de repos sous un gouvernement qui se personnifie dans un homme, et qui est destiné, selon toute apparence, à finir avec lui. On ne songe pas à contester les merveilleuses aptitudes de M. Thiers ; mais on est obligé de reconnaître que plus les dons qu'il a reçus de la nature sont rares et précieux, moins il est à espérer qu'on les trouve, après lui, dans un autre homme d'État.

Un jour viendra donc où la France devra chercher son salut, non plus dans un gouvernement personnel, non plus dans une sorte de dictature légale, imposée par les circonstances et légitimée par le talent (si quelque chose toutefois peut légitimer la dictature), mais dans des institutions semblables à celles dont jouissent la plupart des nations voisines, dans le gouvernement constitutionnel en un mot.

Or il est incontestable que, pour la masse du public, les princes d'Orléans représentent ce régime, qui nous a donné trente-trois années de paix, de prospérité, de progrès industriel et commercial, de gloire littéraire et artistique, d'ordre légal et de liberté sage.

En cela le public n'est pas complétement équitable, car la Restauration peut revendiquer la première et non pas la moins belle partie de cette heureuse et brillante période. Malheureusement la Restauration, dans une heure d'égarement, a voulu nous reprendre les inestimables biens qu'elle-même nous avait donnés, appelant ainsi sur elle et sur nous des malheurs qui ne sont point encore terminés.

Il faut reconnaître d'ailleurs que la Restauration, même au temps où nous lui devions les plus réels et les plus incontestables bienfaits, n'a jamais joui d'une grande popularité. Ce pays a une faiblesse que je suis loin d'approuver, mais que je suis obligé de constater. Il a une telle crainte de voir renaître l'ancien régime, que tout ce qui s'y rattache commence par lui être suspect. Quand on date d'avant 1789, on ne triomphe de ses défiances qu'à la condition de donner des gages irrécusables à l'ordre de choses nouveau.

Or ces gages, les princes d'Orléans les ont amplement donnés. On leur pardonne de dater d'avant 1789, et même d'avant les croisades; on leur pardonne d'appartenir à la plus ancienne et à la plus illustre famille qu'il y ait dans le monde. Ils ont beau être des Bourbons et des Capétiens, on sait, à n'en pas douter, que ce sont des princes modernes. Ils le sont par leur éducation, par leurs idées, par leurs qualités, et je dirai même par leurs généreuses faiblesses.

Je crois, quant à moi, que le comte de Chambord aussi est un prince moderne. Il s'est préparé au métier de Roi par de trop consciencieuses et trop profondes méditations pour n'avoir pas compris dès longtemps que pour diriger son pays et son temps, il faut en être. Je me persuade donc que rien, dans les idées, dans les besoins, dans les aspirations de la France contemporaine, ne lui est étranger ou indifférent. Malheureusement, des démarches sans doute mal interprétées, et des paroles sans doute mal comprises, ont contribué à établir sur le comte de Chambord une opinion très-différente de celle que je viens d'exprimer et infiniment moins faite pour lui concilier les sympathies du public.

Je ne dis pas pour cela que l'on doive ou que l'on puisse se passer du comte de Chambord le jour où l'on voudra rétablir en France la monarchie constitutionnelle et surtout la faire durer. Je dis, ce qui est bien différent, que la tendance du public est de s'en passer. Il appartient aux hommes d'État, il appartient aux princes d'Orléans surtout, de se montrer, à cet égard, plus sages et plus prévoyants que le public.

Il y aurait grande imprudence, incontestablement, à refaire aujourd'hui ce qui a été fait en 1830. Les circonstances sont très-différentes. On a pu se méprendre, à cette époque, sur le danger d'une séparation entre les deux branches de la maison de France et entre les deux grandes fractions du parti conservateur. La même erreur serait aujourd'hui moins naturelle et moins excusable.

Les princes d'Orléans feront donc preuve de sens politique et de dévouement à leur pays en se refusant à relever la monarchie constitutionnelle sur une autre base que sur celle de l'union entre ce qui a été désuni en 1830. C'est trop pour le parti monarchique d'avoir à lutter à la fois contre les attaques de ses adversaires et contre ses propres divisions. L'union seule peut lui donner la force nécessaire pour sauver la France. Le salut est là et n'est que là.

Se décidera-t-on à le chercher? Ne se décidera-t-on pas trop tard? A trop attendre pour apporter à un malade le remède dont il a besoin, ne risque-t-on pas de laisser le mal devenir incurable?

Je sais que les nations ne sont pas des malades ordinaires. La vie chez elles résiste longtemps.

J'entends même dire qu'elles ne meurent pas. C'est une erreur. Nous avons vu mourir la Pologne. Nous l'avons vue mourir du mal dont nous souffrons nous-mêmes. Nous l'avons vue mourir pour n'avoir su être ni monarchie ni république ; car je n'appelle pas monarchie et je n'appelle pas non plus république la royauté élective, ce dangereux régime, qui a été celui de la Pologne après l'extinction de la dynastie des Jagellons, et qui est malheureusement le nôtre, sous des noms divers, depuis quatre-vingts ans.

Lorsque la Russie voulut enlever à la Pologne la dernière chance de se relever de sa décadence, elle lui interdit une seule chose : le rétablissement de la monarchie héréditaire. La Prusse n'a pas eu besoin d'introduire une semblable stipulation dans les traités qu'elle nous a imposés. Nous avons devancé ses vœux, et nous nous sommes enlevé à nous-mêmes, dès longtemps, ce précieux élément de force, de stabilité et de grandeur.

Les nations, surtout sur notre vieux continent, vivent à l'état permanent de lutte les unes contre les autres. La place leur est étroitement mesurée, et elles sont obligées de se la disputer constamment, soit par les armes, soit par la diplomatie. Pour soutenir cette lutte de tous les instants, l'énergie ne suffit pas, même secondée par l'intelligence. Il faut

quelque chose de plus : il faut l'esprit de suite; il
faut la connaissance et la juste appréciation des
intérêts permanents du pays que l'on gouverne et
des pays rivaux; il faut enfin des traditions politiques.

Or ces conditions, qui les conservera, si le gouvernement se renouvelle complétement à chaque
génération, comme il nous arrive depuis un siècle,
et comme il arrivait naguère à la Pologne? Tous
les vingt ans, un chef nouveau est appelé au pouvoir par la faveur populaire ou par le caprice des
événements. Quelle que puisse être sa valeur personnelle (et je veux la croire aussi grande que
possible), il a nécessairement un apprentissage à
faire, et le fait aux dépens du pays.

Songez d'ailleurs que ce chef nouveau sera presque toujours porté et soutenu par un courant d'o-
pinion différent de celui qui avait poussé son pré-
décesseur; que par conséquent, de la meilleure foi
du monde et avec les intentions les plus patrioti-
ques, il travaillera en toute chose à détruire l'œuvre
entreprise avant lui, au lieu de la continuer; qu'il
changera le système des alliances; qu'il boulever-
sera les relations économiques du pays avec les
pays voisins; qu'il sera libre-échangiste si son pré-
décesseur était protectioniste : qu'il convoitera

l'amitié de l'Angleterre si avant lui on avait recherché celle de la Russie; qu'il voudra, en un mot, que l'histoire de France recommence à son avénement.

Une nation gouvernée de la sorte ressemble à ces familles sans passé et sans lendemain, sans traditions, sans foyer domestique, comme nous en voyons tant de nos jours, et chez lesquelles le travail de la génération qui s'éteint ne profite pas ou ne profite que très-incomplétement à la génération qui s'élève.

Je ne dis pas que la monarchie seule peut donner à une nation cette stabilité dans les institutions et cette fixité dans la politique qui manquent aujourd'hui à notre pays. La république peut assurer les mêmes bienfaits, mais à une condition cependant. Il faut que le dépôt des traditions politiques, confié dans la monarchie à une famille choisie une fois pour toutes, soit conservé dans la république par un sénat, je veux dire par un corps plus fortement constitué que l'assemblée populaire, moins soumis à la volonté capricieuse et mobile de la foule. Point de monarchie stable sans une dynastie, point de république solide sans un sénat.

Or depuis quatre-vingts ans nous ne voulons accepter, en France, ni les conditions de la monarchie ni celles de la république. Nous ne savons pas supporter une dynastie, nous ne voulons que des rois électifs. Napoléon Ier, Louis-Philippe Ier, Napoléon III, n'ont été que des rois électifs : M. Thiers lui-même n'est pas autre chose. Nous ne savons pas davantage constituer un véritable sénat. Quand nous avons fait l'essai de la république, nous n'avons eu que des assemblées populaires, tour à tour tyranniques ou impuissantes, selon qu'elles étaient mises au monde dans une heure de colère ou dans un jour d'abattement : images fidèles et par conséquent changeantes des impressions d'une démocratie plus mobile que celle d'Athènes.

Vous excuserez, Monsieur, ces réflexions. Elles ne sont pas conformes, je le sais, aux opinions qui dominent parmi mes concitoyens. C'est peut-être moi qui me trompe, mais j'avoue que j'ai quelque peine à me le persuader. Je vois que les nations qui nous entourent ont cessé de nous imiter. Satisfaites de nous avoir emprunté ce qu'il y avait de généreux et de sensé tout à la fois dans les réformes inaugurées par nous à la fin du dernier siècle, elles se gardent bien de nous suivre dans la voie pleine de périls où nous marchons depuis cette époque. Nulle part ailleurs vous ne verrez rechercher de parti pris, comme nous le faisons, et élever en quelque sorte à l'état de système la mobilité perpétuelle du gouvernement.

Quels fruits d'ailleurs cette mobilité a-t-elle portés chez nous? Pour les apprécier il n'est pas nécessaire de remonter bien haut. Il nous suffit des leçons qu'a reçues notre génération, des spectacles auxquels elle a assisté. Nous n'avons pas quarante ans, Monsieur, et déjà nous avons vu assez de malheurs publics pour attrister notre vie entière. Nous avons vu trois fois la représentation nationale dispersée par une foule en délire ou par un pouvoir en révolte contre la loi. Nous avons vu la France envahie et l'envahisseur bivouaquant dans les Champs-Élysées. Nous avons vu les conquêtes des Bourbons et celles mêmes des Valois, Strasbourg et Metz, cédées d'un trait de plume. Nous avons vu la guerre civile succéder à la guerre étrangère, et Paris incendié par des mains françaises.

Tant de malheurs, tant de fautes, tant d'égarements n'ont pourtant point ébranlé ma confiance dans l'avenir de notre cher et infortuné pays. Je ne puis admettre que la France soit destinée, comme la Pologne, à disparaître de la face du monde. Je veux espérer que Dieu n'est pas lassé de nous protéger, et j'aime à me persuader qu'il prendra pour instrument de notre salut quelqu'un de ces princes

honnêtes, courageux, éclairés, dont votre plume
si sûre et si vraie nous retrace les fidèles et sédui-
santes images.

Il en est un surtout que l'opinion publique semble
désigner pour cette tâche. De brillantes facultés et
un favorable concours de circonstances, un esprit
facile et souple, un caractère fin et en même temps
capable de décision, l'ont placé au premier rang
parmi les hommes sur lesquels la France, dans la
crise présente, croit pouvoir compter. Soldat en
Algérie, écrivain dans l'exil, le duc d'Aumale a
défendu aussi vaillamment par la plume que par
l'épée l'honneur de sa famille. Il a vu s'attacher à
son nom le prestige qui récompense les initiatives
courageuses et les coups d'audace heureux. La prise
de la Smala et la *Lettre sur l'histoire de France*
en ont fait le plus populaire des princes d'Orléans.
Il peut donc beaucoup pour sa famille, il peut
beaucoup pour son pays. Son rôle est d'autant plus
facile qu'il n'est ni le chef ni même le plus proche
héritier du chef de sa maison. Moins il est personnellement intéressé dans les questions qui se débat-
tent, plus il peut y intervenir avec liberté, avec
dignité et avec autorité.

La situation du comte de Paris est plus délicate
et son rôle est plus difficile. La Providence, heu-

reusement, en le plaçant au milieu de tant de dangers, lui a donné ce qu'il faut pour les éviter : un jugement infaillible, un inébranlable sang-froid, et enfin cette droiture de caractère qui est parfois plus habile que l'habileté elle-même. La France l'ignore, et peut-être l'ignorera-t-elle toujours, mais depuis longtemps elle n'a pas eu un politique aussi précoce et aussi complet. C'est l'esprit méditatif et profond de Guillaume d'Orange, avec la bonne grâce et le charme qui manquaient au mélancolique fondateur de la monarchie constitutionnelle en Angleterre.

Quelle rare famille, au surplus, que celle au milieu de laquelle vous avez eu, vous et votre intelligent éditeur, l'heureuse pensée de vous introduire! Quelle belle et complète galerie de portraits! Comme chacun y est bien à sa place, dans son cadre et dans son rôle! A côté du comte de Paris, le duc de Chartres ; le soldat impétueux, le bouillant officier de cavalerie auprès de l'homme d'État réfléchi et maître de lui-même. Le duc de Nemours, le héros de l'abnégation et du devoir silencieux, à côté du prince de Joinville, le marin aux vastes ambitions et à l'imagination puissante, auquel il n'a manqué que de naître à l'époque où il y avait encore, pour un génie aventureux, des continents à découvrir.

Un peu plus loin, ce sont ceux qui, jetés hors de leur pays par les hasards de la politique ou par les malheurs de l'exil, ont dû chercher sous d'autres drapeaux que celui de la France des dangers à courir et de la gloire à recueillir. Il y en a qui ont conquis ou plutôt affranchi des pays restés jusqu'ici fermés à la civilisation. Il y en a qui sont allés jusqu'aux antipodes pour trouver l'occasion rêvée par eux de tirer le canon et de s'élancer sur une brèche à la tête d'une colonne d'assaut.

Il faut l'avouer, ce sont bien les dignes fils de cette vaillante race dont l'histoire s'est confondue pendant neuf cents ans avec celle de notre pays ; ce sont bien les vrais descendants de ce Robert le Fort qui défendit la France du neuvième siècle contre les Normands, ces Prussiens du moyen âge. Quels plus dignes héritiers le comte de Chambord pourrait-il chercher pour leur transmettre, le jour où il descendra dans la tombe, le principe monarchique, si religieusement gardé par lui en dépôt ? Quelle plus belle famille royale la France pourrait-elle trouver pour réparer ses ruines, panser ses plaies, la relever à ses propres yeux et à ceux de l'Europe ?

Le verrons-nous jamais, ce rapprochement entre le dernier-né de la monarchie traditionnelle et les premiers-nés de la monarchie constitutionnelle, qui serait en même temps la réconciliation de la France ancienne avec la France nouvelle ? Peut-être ce rêve de tant d'esprits honnêtes et de cœurs généreux n'est-il pas destiné à se réaliser. Peut-être la Providence a-t-elle jugé dans sa sagesse que, délivrés de nos discordes intestines, réconciliés avec la vieille famille de nos rois, réconciliés avec nous-mêmes, ayant à notre tête les princes les plus intelligents, les plus courageux, les plus brillants qu'il y ait dans le monde, nous serions trop dangereux pour nos voisins et pour nos rivaux.

Nimium vobis Romana propago
Visa potens, Superi, propria hæc si dona fuissent.

Divisés, on a eu de la peine à nous vaincre : unis, nous eussions été invincibles. Aussi tous nos ennemis ont-ils intérêt à perpétuer le triste état dans lequel nous nous trouvons. Nos ennemis du dedans ont besoin de nos divisions pour arriver à régner sur nous, comme nos ennemis du dehors en ont besoin pour continuer à régner sur l'Europe.

Édouard HERVÉ.

Paris, 20 avril 1872.

LES PRINCES
D'ORLÉANS

COMTE DE PARIS.

Louis-Philippe-Albert d'Orléans, comte de Paris, avait à peu près dix ans lorsque éclata la révolution de février. Violemment entraîné sur une terre étrangère, condamné à un long et douloureux bannissement, errant d'Allemagne en Angleterre, d'Angleterre en Orient, tantôt en Espagne, tantôt en Amérique ; frappé tour à tour des coups les plus cruels, élevé à la double école de l'exil et du malheur : cette jeune personnalité s'est développée loin de nous, le caractère s'est trempé, l'enfant est un homme, un esprit et un tempérament politiques très-accusés.

Le souvenir de la journée du 24 février ne s'est, dit-on, jamais effacé de cette jeune mémoire, et les moindres détails y sont fixés, très-précis et très-vivants.

Le 23 au matin, on vint annoncer au comte de Paris que les maîtres qui devaient lui donner ses leçons ne pourraient pas venir. Sans se rendre un compte exact de ce qui se passait, il put remarquer la préoccupation de sa mère et des personnes qui l'entouraient. Le 24, en venant l'embrasser, la duchesse d'Orléans lui dit : « Mon enfant, sache qu'il se passe des choses très-graves; tu ne peux les comprendre; mais il faut prier Dieu, il préviendra peut-être les grands malheurs dont la France est menacée. » Dans la matinée, M. Adolphe Regnier, précepteur du jeune prince, lui donna cependant ses leçons comme à l'ordinaire; mais bientôt il fallut abandonner les pièces donnant sur la rue de Rivoli; on s'attendait d'un moment à l'autre à un combat; le prince passa dans les appartements donnant sur le jardin. Pendant qu'il jouait sous les yeux de son précepteur, la porte s'ouvrit précipitamment et la duchesse d'Orléans entra, disant à M. Regnier : « Ce n'est pas une émeute; c'est une révolution. » L'enfant avait trop souvent entendu parler des révolutions antérieures pour ne pas comprendre déjà la portée redoutable de ce mot.

La duchesse d'Orléans, voyant la tournure que

prenaient les événements, entra chez la Reine; elle sentait naître une vive inquiétude pour son fils, et, bien résolue à ne pas s'en séparer, voulut le retenir auprès d'elle. M. Regnier l'avait suivie; on fit entrer l'enfant et son précepteur dans la chambre à coucher qui séparait le cabinet de Louis-Philippe de celui de Marie-Amélie. Là, avec un certain sang-froid, le précepteur, pour ne pas laisser son élève livré aux vagues inquiétudes, essaya de faire continuer la leçon commencée. Le prince traduisait alors l'*Epitome historiæ sacræ*, de Lhomond; il n'a jamais oublié qu'il en était arrivé à l'histoire des Machabées et au supplice des jeunes héros, qui périrent dans une chaudière d'huile bouillante. L'image de cette chaudière resta longtemps mêlée, dans son imagination d'enfant, aux scènes réelles auxquelles il avait assisté.

Bientôt on vint dire au Roi que les troupes réunies sur la place du Carrousel demandaient à le voir. Louis-Philippe sortit, et l'enfant se mit à la fenêtre pour regarder son grand-père passer la revue. L'émotion de tous l'avait assez gagné pour qu'il fût impressionné par les cris de *Vive le Roi !* qui retentissaient encore. Il fut également frappé d'entendre prononcer fréquemment le nom du maréchal Bugeaud....

Un certain temps se passa ; le Roi était toujours dans la cour ; puis tout à coup la porte du cabinet s'ouvrit brusquement ; et Louis-Philippe, se tenant droit devant cette porte, dit d'une voix forte et grave : « J'abdique. »

Ce mot perça l'esprit du comte de Paris comme un trait de feu, et, avec une énergie qui n'était point de son âge, il courut à son précepteur en lui criant : « Non, c'est impossible ! » Il ne se rendait naturellement aucun compte des terribles responsabilités qui pèsent sur la royauté moderne et qui rendent la couronne si lourde et le trône si fragile ; mais il comprit tout de suite que si son grand-père abdiquait, on le mettrait à sa place sur un trône doré, qu'on le ferait figurer dans toutes les cérémonies officielles, et surtout que tout le monde le regarderait : cette idée lui était insupportable. Pour bien comprendre ce chaos de choses naïves et graves, il faut descendre dans la pensée d'un enfant et bien se mettre au point de vue.

Cependant la chambre royale devient déserte. Çà et là, sur la place du Carrousel, on tire des coups de fusil ; déjà on ne permet plus au jeune prince de regarder par la fenêtre. La duchesse d'Orléans prend le chemin de ses appartements ; on trouve dans la galerie de la Paix quelques personnes de sa maison qui viennent la rejoindre. Elle descend au pavillon de Marsan, où sont réunis quelques hommes politiques, entre autres M. Dupin et l'amiral Baudin, qui lui conseillent de se rendre à la Chambre des députés. Elle ne reste qu'un instant, et sort par la cour du Carrousel. Parmi les personnes qui accompagnent la duchesse d'Orléans et ses deux fils, le comte de Paris remarque, comme étant le plus près de lui, M. Jules de Lasteyrie, le colonel de Chabaud la Tour, M. de Montguyon (qui étaient les deux anciens aides de camp de son père), et M. Adolphe Regnier. La cour est vide ; des coups de fusil, tirés comme au hasard sur les Tuileries, partent de temps en temps de la place : on passe sous le pavillon de l'Horloge, et on abandonne ce palais des Tuileries, que l'enfant, devenu un homme, ne reverra que vingt-quatre ans après, incendié et en ruine. En traversant le jardin des Tuileries, le comte entend dire qu'on doit trouver sur la place de la Concorde des voitures dans lesquelles on va monter pour faire dans Paris une promenade qui sauvera la situation. C'était un conseil donné par quelques hommes politiques qui avaient pénétré dans le jardin. A la grille du Pont tournant, on s'arrête : les voitures ne sont pas là, et une foule compacte et flottante envahit l'espace

occupé par une batterie d'artillerie, dont elle para-
lyse les mouvements. Le commandant se met à la
disposition de la duchesse. M. Adolphe Regnier reconnaît dans l'officier un de ses amis intimes, il le
nomme à son élève. C'est le chef d'escadron Tiby,
qui, plus tard, colonel en retraite, fut tué, rue de
la Paix, par les balles de la Commune, le jour de
la manifestation pacifique.

Enfin on vient annoncer que le duc de Nemours
va accompagner la duchesse d'Orléans et ses fils à
la Chambre des députés. Il arrive en effet, et le
groupe, qu'il a rejoint à la porte du jardin, se
fraye un chemin à travers la foule et atteint le Palais-Bourbon. Le comte de Paris avait assisté pour
la première fois, quelques semaines auparavant, à
l'ouverture des Chambres ; l'aspect de l'Assemblée
n'eut donc rien de nouveau pour lui. Les députés
étaient en séance, et la salle des délibérations n'a-
vait pas encore été envahie. On fit entrer la duchesse d'Orléans et ses fils dans la partie réservée
aux députés. Pendant les premiers moments, le
comte de Paris ne se rendit pas un compte bien
exact de ce qui se passait ; il s'était assis auprès de
sa mère, au bas du bureau à gauche. Après avoir
entendu de là les premiers orateurs qui se succé-
dèrent à la tribune, la duchesse dut monter à l'un

des bancs les plus élevés du centre. Bientôt le comte
entend dire à sa mère : « C'est monsieur *Marie* qui
parle. » Ce nom, qui lui semble un nom de femme,
le frappe, et il ne l'oubliera plus. Il regarde autour
de lui et sourit à M. de Rémusat, assis à ses côtés;
puis, quelques instants après, il voit s'approcher
un homme dont la chevelure est restée dans sa mémoire d'enfant comme une des choses les plus remarquables qu'il ait vues dans cette séance : c'est
M. Crémieux ; celui-ci écrit quelques mots sur une
feuille de papier et les remet à la duchesse d'Orléans, en lui disant : « Voilà les paroles que je vous
conseille d'adresser à la Chambre. » Le comte de
Paris ne prêtait déjà plus d'attention à ce qui se
disait à la tribune; il était trop occupé de ce qui se
passait autour de lui. Sa mère, cependant, était
très-entourée; les uns lui disaient de parler, les
autres, au contraire, lui conseillaient d'attendre.

C'est alors que l'enfant entend distinctement les
coups violents qui ébranlent les portes de la salle.
L'émeute gronde, les portes s'ouvrent, la foule dé-
ferle dans la salle, le tumulte est énorme. La duchesse d'Orléans et ses fils sont mis en joue. M. de
Rémusat se dresse devant le comte de Paris et le
couvre de son corps. Un docteur en médecine,
M. Félix Roche, qui se trouvait par hasard dans la

Chambre, porteur de la médaille d'un député, protégea aussi le jeune prince. Comme le danger est pressant, on décide la duchesse à quitter la salle des séances ; elle craint pour la vie de ses enfants, et consent à sortir avec eux par un des couloirs de dégagement. Mais dans cette confusion le comte de Paris et le duc de Chartres sont poussés ou plutôt portés par la foule ; les uns menacent, les autres s'efforcent de protéger. On s'arrête enfin dans une chambre retirée de la présidence, sise au rez-de-chaussée, où les envahisseurs n'ont pas pénétré. Là, on se cherche : la duchesse d'Orléans ne retrouve que son fils aîné. M. Regnier, dans cette sortie confuse, précipitée, a été un moment séparé de lui, mais a pu presque aussitôt le rejoindre et vient de le ramener à sa mère. Lé duc de Chartres, lui aussi, a été entraîné dans une autre direction ; et comme la duchesse s'émeut et veut retourner en arrière, on lui assure que le jeune prince est en sûreté. Le duc, en effet, a été renversé par la foule ; mais M. Lipman, aujourd'hui percepteur à Rouen, frère d'un huissier de la Chambre, l'a relevé et l'a emporté dans l'appartement que son frère occupait dans les dépendances du palais, et où déjà, quelques instants auparavant, il avait donné asile à madame Regnier et à son plus jeune fils.

Mais on est encore trop près ; le flot monte, il faut se remettre en route, descendre dans le jardin et sortir par la rue de Lille. Là, on trouve un fiacre : la duchesse d'Orléans et son fils y montent ; deux gardes nationaux, MM. L. Martinet et David, les suivent et s'offrent à la protéger ; la voiture se dirige vers l'hôtel des Invalides, les fugitifs s'y réfugient dans une salle où se trouve le maréchal Molitor.

C'est aux Invalides que les amis qui, à la Chambre, avaient protégé le départ de la duchesse d'Orléans et ses fils, vinrent se grouper autour d'elle. Là se rendirent aussi deux autres personnes : l'une, M. Biesta, dont la haute taille frappa l'imagination de l'enfant royal ; l'autre, M. Pagnerre, qui fut depuis secrétaire du gouvernement provisoire. Ce dernier assura qu'on était débordé, et conseilla la fuite. En sortant dans un couloir, l'enfant retrouva son oncle le duc de Nemours, qui, séparé de la duchesse d'Orléans par la foule, était allé revêtir un costume de garde national pour pouvoir suivre et protéger sa belle-sœur et ses neveux sans attirer l'attention.

Il était facile, même pour un enfant, de comprendre que les choses allaient au plus mal ; il n'était déjà plus question de sauver la monarchie, mais seulement de mettre en sûreté la duchesse d'Orléans et son fils. La nuit commençait à venir ; on descendit sur la place des Invalides ; M. de Lasteyrie prit le jeune prince par la main et l'emmena par un chemin différent de celui que suivait sa mère. Le prince devait retrouver la duchesse à l'hôtel du comte Anatole de Montesquiou. Il la suivit à quelque distance. Là, le plan fut arrêté : on ne devait rester qu'un instant ; car il n'y avait plus de temps à perdre si l'on voulait quitter Paris. Une voiture qui contenait la duchesse, le prince, M. de Mornay et M. Adolphe Regnier, conduisit les fugitifs à la campagne de M. Léon de Montesquiou, à Bligny, près d'Orsay. Çà et là, on rencontrait des groupes inquiétants ; à un moment même, au sortir de la rue de Monsieur, deux hommes armés crièrent d'arrêter et couchèrent en joue la voiture, mais ils ne tirèrent point. La barrière la plus proche était fermée par une barricade ; le cocher, homme de sang-froid, intelligent et résolu, se dirigea vers l'autre barrière. Bientôt enfin, à l'agitation de la grande ville en révolution succéda la solitude de la campagne.

On passa la nuit à Bligny. Un orage éclatait sur Paris, et de temps en temps on croyait entendre le bruit du canon. La duchesse, très-anxieuse, ne se coucha point ; quant à l'enfant royal, il dormit profondément. Le lendemain on apprit par un ami fidèle, le duc d'Elchingen, que tout était fini à Paris, et on sut en même temps que le duc de Chartres était en sûreté : pour la première fois depuis deux jours une expression de joie éclaira le visage de la duchesse d'Orléans. Le 26, sa femme de chambre, mademoiselle Sucrow, lui amena enfin son second fils. Le pauvre enfant avait été malade ; atteint déjà de la grippe, sa sortie précipitée du 24 avait occasionné chez lui un refroidissement dangereux, et pour le mettre en état de rejoindre sa mère et son frère, il avait fallu tous les soins de M. Courgeon, son précepteur, de madame Regnier et de la famille Sauvageot, chez laquelle l'avait caché madame de Mornay, à qui on l'avait amené au sortir de chez M. Lipman. La duchesse d'Orléans, malgré son désir de mettre en sûreté son fils aîné, ne se serait jamais décidée à l'emmener seul.

Le 27 au matin, on se remit en route dans la même voiture qui avait amené les fugitifs de Paris à Bligny. Le duc de Chartres, toujours souffrant, était enveloppé dans des couvertures. M. de Mornay monta dans la voiture avec la duchesse d'Orléans, ses fils et mademoiselle Sucrow ; il ne voulait pas les quitter tant que subsistait le moindre danger, et il les accompagna en effet jusqu'à Ems. C'était lui qui était allé chercher à Paris les passe-ports et l'argent nécessaires. M. Regnier monta sur le siége; on passa par Versailles, Saint-Germain et Pontoise, changeant de chevaux où on le pou-vait, pendant que les fugitifs restaient dans la voi-ture, les stores baissés. La pluie tombait à torrents; M. Adolphe Regnier fut trempé, et en même temps que lui l'*Epitome* de Lhomond, qui était resté marqué à la chaudière des Machabées. Ce volume, que le comte de Paris a toujours conservé depuis, en porte encore la trace.

A Pontoise on espérait prendre le chemin de fer, mais la gare était brûlée; parfois, sur la route, la foule se montrait hostile; on alla ainsi jusqu'à Beauvais, et c'est à Amiens seulement qu'on prit le chemin de fer; la voiture fut même mise sur un truc.

A Lille, où commandait le général Négrier, tué plus tard aux journées de juin, on hésita un instant; on se demanda s'il ne valait pas mieux se mettre sous la protection du général. Le comte de Paris, qui, depuis Bligny jusqu'à Ems, prit part à tout ce qui se passait avec une vigueur d'esprit et de parole au-dessus de son âge, entendant parler de franchir la frontière, s'écria vivement : « Sortir de France! non; jamais! »

La frontière passée, la duchesse se rendit à Verviers, où elle coucha. Le lendemain, 1er mars, elle se dirigea vers Cologne, et, le soir même, s'arrêta à Deutz, sur l'autre rive du Rhin.

On traversait alors le fleuve sur un pont de bateaux; il faisait nuit lorsque le train déposa les voyageurs sur la rive. Le comte de Paris contemplait cette noire masse d'eau, lorsque sa mère, se tournant vers lui, le pressa sur son cœur en disant avec une inexprimable émotion : « C'est maintenant que je me sens véritablement exilée. »

Après quelques semaines passées à Ems dans la maison dite des Quatre-Tours, où vinrent bientôt la visiter la grande-duchesse héréditaire de Mecklembourg sa belle-mère, mademoiselle de Sinclair, M. et madame de Rantzau, le docteur Chomel, le comte de Montesquiou et la princesse de Saxe-Cobourg sa belle-sœur, la duchesse alla s'établir à Eisenach, dans un château appartenant au grand-duc de Saxe-Weimar son oncle. C'est là que les nouvelles des journées de juin vinrent réveiller dans l'esprit du jeune prince le souvenir des événements auxquels il avait assisté. Quatre enfants faisaient leurs études à Eïsenach : le comte de

Paris, son frère, et les deux fils de M. Adolphe Regnier. Ils mêlaient sans cesse à leurs jeux et à leurs conversations d'enfants les noms des hommes célèbres du jour et les questions qui agitaient l'opinion. La date du 24 février approchait, ravivant naturellement les souvenirs; M. de Mornay vint passer ce jour-là à Eisenach, auprès des exilés.

C'est dans l'été de 1849 que la duchesse d'Orléans quitta Eisenach pour se rendre en Angleterre. Elle n'avait pas revu le Roi et la Reine depuis les événements du 24 février. On s'embarqua à Rotterdam, où le duc de Nemours vint prendre sa belle-sœur. La traversée fut rude, et tous les passagers souffrirent du mal de mer. Les deux jeunes princes, qui n'avaient point échappé à ce malaise, montrèrent dans cette occasion la différence de leurs caractères, qui commençait à s'accuser : « L'un, dit la duchesse d'Orléans dans une lettre de cette époque, souffrait avec patience, ne songeant qu'à ceux qui le soignaient; l'autre *montrait une fureur peu contenue contre un mal dont il ne voulait pas accepter l'inexorable pouvoir.* »

Le comte de Paris avait beaucoup profité des leçons de son excellent maître. L'exil, les voyages, la sollicitude intelligente et tendre de sa mère, avaient favorisé les progrès de son éducation. Son esprit naturellement sérieux mûrissait rapidement; tout le monde à Claremont fut frappé du changement qui s'était accompli chez lui en moins de dix-huit mois. C'était encore un enfant, heureusement, mais un enfant déjà grave et réfléchi. La reine Marie-Amélie, dont le coup d'œil était prompt et sûr, mit dès lors en son petit-fils toutes ses espérances.

A partir de ce moment, l'existence du jeune prince, comme celle de sa mère, se partagea entre l'Allemagne et l'Angleterre. C'est à Claremont que résidaient le Roi, la Reine, le duc de Nemours, le prince de Joinville et le duc d'Aumale. C'était là que les autres membres de la famille, toutes les fois qu'ils le pouvaient, aimaient à revenir. C'était là qu'auprès d'un père respecté et d'une mère adorée, ils se sentaient en quelque sorte moins exilés.

Le Roi mourut en 1850. La duchesse d'Orléans et ses fils étaient alors auprès de lui. Quelques mois auparavant, le comte de Paris avait fait sa première communion, sous les yeux de son grand-père, dans la chapelle catholique française de King-Street.

Un autre malheur allait bientôt frapper la famille royale; la mort de la reine Louise, que la Belgique a si longtemps pleurée et qu'elle vénère encore aujourd'hui, vint ajouter un nouveau deuil à toutes ces tristesses.

Le comte de Paris reprit bientôt le chemin de l'Allemagne. Ce pays n'était pas alors ce qu'il est devenu aujourd'hui; la centralisation prussienne n'avait pas étouffé les petits États. Un grand nombre de petits centres intellectuels y vivaient de leur vie propre et indépendante. Les idées françaises étaient très en faveur, et les révolutions mêmes (il y en avait alors en Allemagne) se faisaient à l'imitation de la France. On pouvait apprendre beaucoup de choses dans ce pays en fermentation. Le comte de Paris, chez lequel l'activité physique et l'activité intellectuelle marchaient de pair dès cette époque, visita presque toute la Confédération, et parvint à connaître à fond le pays qui devait jouer plus tard un si grand rôle en Europe.

C'est ainsi que le comte atteignit sa vingtième année. L'œuvre à laquelle sa mère avait dévoué sa vie était achevée : son fils aîné était devenu un homme dans la plus noble acception du mot. Elle contemplait avec joie ce rare assemblage de qualités diverses, cette gravité douce, cette énergie contenue et maîtresse d'elle-même, cette rectitude de jugement et cette autorité naturelle qui, dès cette époque, commençaient à s'imposer. On trouve dans sa correspondance intime un écho de ses impressions d'alors.

« Je ne puis exprimer le changement qui s'est fait à l'égard de Paris, disait-elle dans une lettre citée par madame d'Harcourt [1]. Ce n'est plus moi qui le protége : *je me sens protégée par lui*. J'aime à lui voir une conscience séparée de la mienne. Quand il n'est pas du même avis que moi, j'en ai presque de la joie. *J'ose le dire, j'ai pour lui du respect.* »

Il semblait que la duchesse d'Orléans n'eût été conservée jusque-là que pour achever l'œuvre de l'éducation de ses fils, mais la santé de la mère, de tout temps si fragile, déclinait rapidement. En vain avait-elle essayé de la relever par un voyage dans le Devonshire, partie méridionale de l'Angleterre où la température, quoique un peu humide, est relativement douce, puis, plus tard, par un séjour à Gênes : elle perdait bien vite sur les bords de la Tamise le bénéfice de ces excursions sous des climats moins rigoureux. Le 18 mai 1858, elle s'éteignit après une courte maladie. L'événement fut très-subit; ses amis d'exil refusaient de croire au malheur qui venait de les frapper. Quel-

[1] *Madame la duchesse d'Orléans*. Paris, chez Michel Lévy.

ques mois auparavant, la duchesse de Nemours avait été enlevée d'une manière encore plus foudroyante.

Le comte de Paris allait atteindre, après un an, l'âge de sa majorité; depuis plusieurs années déjà il était, par le sérieux de son caractère et la fermeté de son jugement, en état de se passer de toute tutelle; on résolut donc de l'émanciper. Toutefois, les questions d'intérêt réclamaient une expérience qu'il ne pouvait encore avoir acquise : le duc de Nemours, dont tout le monde dans la famille appréciait le judicieux esprit, lui fut donné pour curateur.

Dans l'hiver de 1857 à 1858, le comte de Paris, avide de savoir, avait eu l'idée d'étudier sérieusement la chimie; il s'était enfermé le plus souvent qu'il avait pu dans le laboratoire du professeur Hoffmann, à l'École des mines de Londres. En quelques mois, il devint un des plus remarquables élèves de ce savant de premier ordre, qui à l'esprit philosophique d'un Allemand joint la précision d'un Français et l'esprit pratique d'un Anglais. Depuis cette époque, il n'a laissé passer aucune occasion de développer ses connaissances en chimie, qui sont vraiment remarquables, comme plus d'un bon juge a pu déjà s'en assurer ici.

A la suite du grand malheur qui l'avait frappé, le prince avait entrepris un voyage en Espagne, pendant que son frère entrait à l'École militaire du Piémont. La guerre d'Italie éclata; le duc de Chartres eut le bonheur de faire campagne à côté des soldats français, mais on n'osa pas demander la même faveur pour le comte de Paris. On savait trop bien que c'était placer le roi Victor-Emmanuel dans une fausse position vis-à-vis de l'empereur Napoléon.

Le comte revint donc en Angleterre pour y attendre la fin de la guerre, et l'année suivante il partit avec son frère pour l'Orient, visita l'Égypte, la Terre Sainte, le Sinaï, Constantinople, la Grèce; et là, encore tout imprégné de ses souvenirs classiques, il ressentit une véritable émotion en voyant se dessiner sous ses yeux les horizons sacrés que le chantre de l'Iliade a peints d'un trait large et sûr. Les vers harmonieux du vieil Homère chantèrent dans la mémoire du jeune prince. L'impression fut très-profonde; elle se reflète d'ailleurs dans la lettre suivante, que le comte écrivit du golfe de Patras à son ancien précepteur M. Adolphe Regnier. Le savant commentateur d'Euripide et de Lucrèce, en recevant ce souvenir daté des rives de la Grèce, dut sans doute éprou ver une joie bien douce, car rien ne peut toucher davantage le cœur d'un lettré que cet enthousiasme presque austère qu'éveille dans le cœur d'un jeune prince l'amour de l'antiquité. Ajoutons que rarement étude faite sur nature par un peintre littéraire a pu arriver à cette justesse de ton.

« Golfe de Patras, le 30 novembre 1859.

» Je ne puis, mon cher monsieur Regnier, passer devant le royaume du vieil Ulysse sans vous en donner des nouvelles. Vous voyez que je vais au delà de mes promesses ; mais nous avons si souvent parcouru avec le héros d'Homère cet archipel qui s'étend aujourd'hui réellement devant moi, qu'il me semble être pour moi un pays de connaissance ; et si je venais à rencontrer la déesse aux yeux bleus, elle ne pourrait pas du moins m'adresser le même reproche qu'à son protégé :

Νήπιος εἶς, ὦ ξεῖν', ἢ τηλόθεν εἰλήλουθας,
Εἰ δή τήνδε τε γαῖαν ἀνείρεαι.

» Nous débouchons du canal de Céphalonie dans le golfe de Patras ; à quelques centaines de mètres à notre gauche se dressent les pentes abruptes d'Ithaque ; quelques arêtes irrégulières, réunies

par des isthmes, forment cette île, à qui le sur-
nom d'αἰγίβοτος convient parfaitement; il serait impossible, je crois, d'y trouver un pouce de terre
de niveau, et, comme dit Homère, aucune île ne
se prête moins qu'elle à l'élève des chevaux. Partout des rochers gris, parsemés de taches rougeâ-
tres; çà et là de rares oliviers au pâle feuillage;
nulle forêt, nulle verdure : tel est le rocher qu'a
célébré le chantre divin.

» Malgré son aspect désolé, nous l'avons salué
avec plaisir : que ne peuvent de grands souvenirs
pour animer les plus tristes plages! Ici peut-être
Ulysse endormi fut déposé par les Phéaciens; là
peut-être se dressait la demeure qu'il inonda du
sang des prétendants. Et si rien ne rappelle à nos
yeux ces souvenirs dont notre esprit est plein, du
moins aucun contraste ne les blesse et n'entrave
le cours de notre imagination. Si nous n'apercevons nulle part le berger Eumée appuyé sur son
long bâton, nous pouvons cependant partout nous
attendre à le rencontrer. Aucune civilisation nouvelle n'est venue effacer les traces de ces mœurs
primitives.

» Aussi n'est-ce pas un riant paysage que nous
pouvons chercher ici : le caractère de celui-ci et
ses belles proportions s'adaptent parfaitement aux

grandes scènes qu'il nous rappelle. La mer profonde et tranquille, découpée en mille canaux, enveloppe des îles, des rochers, des caps, dont les formes hardies et les couleurs brûlées contrastent avec son bleu d'azur. Malgré sa pureté et sa transparence, le ciel a cette teinte douce et harmonieuse qui inspira le génie des Grecs. La vaste nappe d'eau que l'on appelle le golfe de Patras est fermée à droite par les montagnes brumeuses de Céphalonie (αἰεὶ δ' ὄμβρος ἔχει), que prolonge au loin le profil indistinct de celles de Zante; à gauche, le continent grec, où s'ouvre une large brèche, le golfe de Corinthe : c'est par là qu'on va à Athènes! Au delà, nous apercevons les pics élevés du Péloponèse; ils sont séparés de la mer par une plage large et basse : c'est l'Élide; nous y cherchons le fleuve Alphée, nous y plaçons déjà les jeux olympiens.

» Mais le soleil va bientôt descendre dans les bras de Téthys, pour nous servir des expressions consacrées; et, avec lui, nous dirons adieu aux côtes de Grèce. Que d'impressions durables cependant l'on peut recueillir en quelques heures! et les souvenirs qu'elle a réveillés ne s'évanouiront certainement pas aussi rapidement que cette brillante apparition.

Une autre fois, je vous parlerai de l'Égypte ; mais, comme je mettrai cette lettre à la poste à Alexandrie, elle vous annoncera que nous y sommes arrivés en bonne santé.

» Tout à vous,

» L. P. O. »

Le hasard amena les voyageurs en Syrie au moment des massacres du Liban. Leur voyage fut donc plus émouvant et plus instructif qu'ils ne l'avaient pensé. Le comte de Paris a consigné le résultat de ses observations dans un volume intitulé : *Damas et le Liban*, qui parut à Londres, chez Jeffs, en 1865. Les deux frères furent singulièrement frappés des souvenirs et des sympathies que le nom de la France éveillait alors dans ces contrées.

Après l'Orient, les princes allaient étudier l'Amérique avec leur oncle le prince de Joinville. Le 30 août 1861, ils s'embarquaient pour New-York. Les États-Unis étaient alors dans tout le feu de la guerre de sécession. Le comte de Paris et le duc de Chartres comptaient revenir en Europe au bout de quelques mois ; mais le moyen, pour des princes jeunes et pleins de courage, d'assister à une guerre semblable sans être tentés d'y prendre part! Pour le comte de Paris surtout, l'occasion était séduisante. Il se consolait difficilement de n'avoir pu, comme son frère, faire la campagne d'Italie. Il trouvait en Amérique une cause honorable à servir; les deux frères demandèrent donc à s'engager dans l'armée fédérale.

Cette démarche était inspirée surtout par le désir de ne pas laisser échapper une occasion d'aller au feu; mais comme elle était en même temps une marque de sympathie pour la grande République américaine, elle ne pouvait être que bien accueillie par le président Lincoln et par le secrétaire d'État, M. Seward. L'entrée des deux jeunes gens dans l'armée américaine se fit dans les conditions les plus favorables. Dans la lettre que M. Seward leur écrivit pour leur annoncer qu'ils étaient attachés à l'état-major du général Mac-Clellan, il constatait que les deux princes servaient sans solde, et qu'aucun serment ne leur serait demandé. Il déclarait en outre que le jour où le comte de Paris et le duc de Chartres voudraient retourner en Europe, ils seraient toujours libres de quitter le service fédéral. Ce dernier point était d'une grande importance : les complications de la politique pouvaient amener, en effet, telle situation dans laquelle les intérêts de la République américaine seraient ou paraîtraient en opposition avec ceux de la France. Dans cette éventualité, les deux jeunes princes ne pouvaient rester un instant de plus sous le drapeau fédéral.

Le comte de Paris déclare encore aujourd'hui que, de toute sa vie d'exil, le temps le plus heureux qu'il ait connu est celui qu'il a passé, comme capitaine d'état-major, dans l'armée du général Mac-Clellan. Les États-Unis, du reste, sont peut-être le seul pays où l'étranger puisse vivre en conservant le souvenir de sa patrie, et s'attacher cependant à tout ce qui intéresse la société nouvelle qui l'a reçu dans son sein. Partout ailleurs, l'étranger le mieux accueilli, le plus favorablement traité dans les relations sociales, se sent frappé d'une sorte d'interdit dès que les affaires sérieuses du pays qu'il habite se trouvent en jeu. Il reste un paria, à moins de devenir un renégat, et les hommes au milieu desquels il vit lui font sentir les difficultés de sa situation, sans se douter eux-mêmes qu'ils le froissent.

En Amérique, aucune barrière ne sépare l'étranger de l'indigène : le premier est aussitôt associé à la vie politique du pays. On est heureux de l'accueillir, il vient grossir la masse des forces intelligentes qui développent chaque jour la puissance nationale. Sans rien répudier, sans rien oublier, il peut se considérer comme adopté pour la vie ou pour un temps, limité au gré de ses désirs, par une patrie qui ne cherche à le retenir que par les libertés de tout genre dont elle lui assure les bienfaits.

L'armée du Potomac était un singulier assemblage d'hommes de toute provenance. Le corps d'officiers de certains régiments était assez mal composé, mais dans les états-majors régnaient les bonnes traditions de l'armée régulière. L'esprit d'égalité ne s'y faisait sentir que par la politesse des chefs envers les subordonnés : il ne portait aucune atteinte aux principes de la discipline militaire. Un général écrivant à un sous-lieutenant terminait invariablement sa lettre par cette formule : « Je suis, Monsieur, avec le plus grand respect, votre très-humble serviteur. » Cela n'empêchait pas le général, par la même lettre, d'infliger une punition sérieuse pour une faute parfois légère.

Le comte de Paris, pendant dix mois que dura son séjour à l'armée du Potomac, prit une part active à la guerre. Attaché à l'état-major de Mac-Clellan, il avait reçu la mission spéciale de localiser tous les renseignements qu'on pourrait obtenir sur l'ennemi, ses forces, ses positions et son plan de bataille. Il ne s'en tint pas pour cela à un rôle purement passif; il serait facile de retrouver dans tels ou tels rapports émanant des généraux la constatation des services rendus par le prince. Souvent, dans des combats épisodiques qui n'ont pas les honneurs de la publicité parce qu'ils se passent sur un coin du champ de bataille et ne se rattachent pas directement à l'action générale, il eut, comme son frère de Chartres, l'occasion de risquer sa vie. A Gaine's-Hill entre autres, lorsque les fédéraux pliaient devant les réserves confédérées qui entraient en ligne et déterminaient le gain de la journée, on vit Paris et Chartres se jeter dans la mêlée le sabre à la main pour arrêter le mouvement. Du reste, à propos de Robert d'Orléans, nous reviendrons sur la part personnelle que ces jeunes princes ont prise à cette campagne.

Peu de chefs se sont concilié l'estime de leurs subordonnés comme sut le faire le général Mac-Clellan. Il était parvenu à inspirer une telle confiance, que tout le monde, dans l'armée, considérait la campagne qui commençait alors comme décisive. La nation partageait ces espérances; l'événement devait les changer en de cruelles déceptions. Des difficultés imprévues retardèrent les progrès de l'armée fédérale; la campagne, après avoir heureusement débuté, traîna en longueur; on avait pris cependant York-Town, Richmond était assiégé, et les deux jeunes officiers voulaient au moins assister à la prise de cette ville avant de retourner en Europe. Ils résistaient donc aux instances de leurs amis, qui les exhortaient à revenir à Londres, où l'Exposition universelle de 1862 allait attirer un grand nombre de leurs compatriotes.

Mais les événements allaient bientôt rendre ce retour inévitable. Le gouvernement français venait de s'engager dans la funeste expédition du Mexique. La rupture de la convention de la Soledad et les incidents qui en furent la suite provoquèrent aux États-Unis une violente irritation; on commençait à parler ouvertement de rupture probable entre les deux pays. Quoique les Américains fissent toujours une distinction entre la nation elle-même et l'empereur Napoléon, la situation, pour des Français, devenait difficile au milieu de cette explosion de l'opinion publique. L'hostilité même des deux volontaires contre le gouvernement impérial rendait cette situation encore plus délicate; elle ne pouvait se prolonger davantage. Le comte de Paris et le duc de Chartres prirent donc la résolution de revenir en Europe dès que la campagne contre Richmond serait terminée. Cette résolution, communiquée au général Mac-Clellan, reçut son approbation. Une action décisive était d'ailleurs attendue d'un jour à l'autre; mais elle ne fut pas favorable aux armes fédérales. Après cinq jours de combats, l'armée du Potomac, qui avait failli se trouver enveloppée dans un de ces désastres que l'on croyait alors impossibles avec d'aussi énormes masses d'hommes, — mais dont nous avons fait depuis la douloureuse expérience, — fut coupée de sa base d'opération, et n'eut d'autre ressource que de gagner, par une marche hardie, les bords du James. L'armée était sauvée, mais se trouvait désormais dans un état de désorganisation et de fatigue qui ne lui permettait pas de reprendre de longtemps l'offensive. La campagne était donc terminée, si bien terminée, que l'armée n'eut à combattre de nouveau que six mois plus tard, lorsqu'on la rappela en toute hâte pour défendre la capitale menacée. C'est sur le James-River qu'après avoir pris congé du général Mac-Clellan les deux princes s'embarquèrent sur une canonnière qui emportait les dépêches. Peu de jours après ils regagnaient l'Europe. Ils avaient servi dans l'armée fédérale pendant un peu plus de dix mois. Leur nomination est du 28 septembre 1861, et leur démission du

2 juillet 1862. Ils avaient assisté au siége et à la prise de York-Town (4 avril-4 mai 1862), à la bataille de Williamsburg (5 mai), à la bataille de Fair-Oaks (1er juin), et enfin, le 27 juin, à la bataille de Gaine's-Hill, qui décida la retraite de l'armée fédérale.

Malgré les revers passagers du Nord et en dépit des opinions alors dominantes, le comte de Paris, avec son ferme jugement et la pénétration de son esprit politique, ne doutait pas du triomphe définitif de la cause de l'Union sur celle de la sécession. Ses lettres particulières de cette époque, son journal, qui n'a jamais été publié, mais qui le sera peut-être un jour, portent à chaque pas la trace de cette conviction bien arrêtée. Il faut reconnaître qu'il y avait peut-être quelque mérite, pour un politique de vingt-quatre ans, à juger les choses avec cette promptitude et cette sûreté de coup d'œil.

D'une façon assurément indirecte, mais cependant très-profitable, la guerre d'Amérique fut l'occasion inattendue des premières études du comte de Paris sur les questions ouvrières. Au moment de la *famine du coton,* il se rendit à Manchester, et s'y mit en rapport avec les personnes qui avaient organisé l'immense système de secours qui faisait vivre la population presque entière du Lancashire. Le prince rendit compte de ses observations dans un article publié dans la *Revue des Deux-Mondes*, le 1er février 1863 (*la Semaine de Noël dans le Lancashire*). Son but était de donner des renseignements de nature à faciliter la création d'une organisation semblable dans nos districts cotonniers. Le regrettable Eugène Forcade (que nous avons eu le chagrin de voir subitement atteint de folie à nos côtés sur la place Saint-Marc de Venise) consentit à mettre sa signature au bas de l'article. L'Empire n'aurait pas toléré que le nom d'un des princes d'Orléans parût dans la *Revue des Deux-Mondes*.

Cette première excursion dans le domaine des questions ouvrières avait vivement intéressé le comte de Paris. Depuis lors, l'activité de son esprit ne cessa pas d'être tournée dans cette direction. Il visita de nouveau Manchester, mais cette fois avec l'un des hommes qui ont le plus travaillé en France à faire connaître l'état moral et matériel de l'ouvrier[1]. Il vit de près la fameuse société des *Équitables pionniers de Rochdale*, et fit la connaissance de plusieurs de ses laborieux et modestes fondateurs. Peu à peu il faisait une ample provision d'ob-

[1] M. Jules Simon.

servations et de réflexions sur ce grand problème de notre époque, la condition des classes ouvrières.

En 1868, son libraire lui envoya un de ces *Blue-Books* publiés par le parlement, dont le format in-folio effraye souvent ceux qui ignorent les trésors d'informations renfermés dans ces volumineux recueils de documents. C'était le commencement du compte rendu des séances de la commission royale instituée pour examiner les *Trades Unions*. Ce récit sténographique intéressa vivement le comte de Paris, déjà au courant, par ses précédentes études, d'une partie des sujets abordés par la commission. Le second volume arriva bientôt, d'autres suivirent. A mesure que le comte de Paris avançait dans cette lecture, il éprouvait le désir de connaître quelques-unes des personnes qui jouaient le rôle le plus important dans les séances de la commission. C'est ainsi qu'il se mit en rapport avec M. Th. Hughes, écrivain et avocat distingué, qui faisait partie de la minorité de la commission la plus favorable aux Unions. Les renseignements du *Blue-Book* et ceux que purent lui fournir plusieurs membres de la commission ne lui ayant pas paru suffisants, surtout en ce qui concernait les fileurs du Lancashire, il fit un nouveau voyage à Manchester. Là, entre autres personnes compétentes, il s'aboucha avec

un vieillard des plus intéressants, M. Maudley, ancien ouvrier, jouissant d'une grande influence sur
les Unions du Lancashire, vivant plus que modes-
tement dans un pauvre cottage d'un des plus tristes
faubourgs de la ville de Manchester. M. Maudley,
esprit droit et logique, honnête et modéré, s'animait lorsqu'il parlait de la classe ouvrière, de son
bon sens et de ses qualités laborieuses, mais n'a-
vait pas une parole d'amertume contre la société,
qu'il voulait voir se réformer par la raison et non
par la violence. Au milieu de ces conversations, de
ces recherches communes, une vraie sympathie
s'établit entre le comte de Paris et quelques-uns
des membres de la classe ouvrière auprès desquels
il était allé puiser ses renseignements.

De tout cet ensemble d'études et d'observations
est sorti le livre sur les *Associations ouvrières en
Angleterre*. L'ouvrage, publié en 1869, sans nom
d'auteur d'abord, obtint un vif et rapide succès. On
fut frappé de l'abondance et de la sûreté des informations, de la sagesse des appréciations, du libé-
ralisme et de l'élévation des idées. On a reproché à
l'ouvrage de manquer de conclusion, mais c'est le
goût, et on peut dire le travers de notre pays, de
vouloir pour toutes les questions une solution radi-
cale et définitive. Le comte de Paris n'a pas eu

sans doute la prétention de fournir une solution au grave problème qu'il étudiait. Il a peut-être voulu montrer, au contraire, qu'il n'existe pas, en pareille matière, de panacée qu'on puisse appliquer indistinctement. Les remèdes doivent varier suivant les circonstances. Toutefois, il y a deux idées qui dominent l'ouvrage tout entier. La première, c'est que les remèdes dont il s'agit ne peuvent être efficaces que dans un pays libre, dans un pays où fleurit la liberté de la presse, celle des réunions et des associations. La seconde, c'est que le principal remède, celui qu'on doit chercher à employer partout où on le peut, est le système de la participation industrielle. Confondre les intérêts du patron avec celui de l'ouvrier en faisant passer ce dernier de la situation de simple salarié à celle d'associé, voilà le but. Peut-on l'atteindre facilement ? Non, sans doute ; mais il faut le poursuivre sans relâche. Telle est du moins la pensée de l'auteur, pensée hardie et profonde, qui n'a peut-être que le tort de n'être pas résumée en une de ces formules sèches et concises, qui se gravent pour toujours dans l'esprit du lecteur.

Deux autres écrits, *l'Allemagne nouvelle en* 1867 et *l'Esprit de conquête en* 1870, nous font connaître les idées du comte de Paris sur la situation de l'Allemagne, sur la politique que la France a suivie à son égard, et sur celle qu'elle aurait dû suivre. Le premier de ces deux opuscules a paru dans la *Revue des Deux-Mondes*, le second dans le *Courrier de la Gironde*. L'article sur *l'Allemagne nouvelle*, aujourd'hui, n'a plus qu'un intérêt rétrospectif. Toutefois, plus nos rapports avec l'Allemagne sont difficiles, plus il nous importe de comprendre ce qui se passe dans ce pays. Il faut donc étudier l'Allemagne sans parti pris, et chercher à en connaître, s'il est possible, le fort et le faible. Le comte de Paris était mieux préparé que personne à cette étude. La duchesse d'Orléans, bien qu'appartenant par son père à la famille slave des souverains du Mecklembourg, tenait par son éducation, son esprit et ses goûts, à ces principautés saxonnes où, grâce à l'absence de centralisation, la civilisation allemande se présentait naguère sous son jour le plus favorable. Aussi est-ce en Saxe qu'elle était allée chercher un premier asile après le 24 février. Elle retrouvait là cette famille illustrée par Charles-Auguste, l'ami de Gœthe, qui avait fait de sa capitale l'Athènes de l'Allemagne, et avait su grouper autour de lui Herder, Schiller et Wieland à côté de l'auteur du *Faust*.

Ces petits États saxons, qui avaient été pendant

longtemps le foyer de l'intelligence en Allemagne, commençaient alors à perdre déjà de leur importance devant la formidable centralisation prussienne. Toutefois ils représentaient encore cette vie locale, cette organisation un peu compliquée peut-être, mais susceptible de modification, si elle déplaisait aux Allemands, et, en tout cas, féconde à bien des points de vue. Peut-être regrettera-t-on un jour l'ancien état de choses ! Au surplus, le parti unitaire lui-même, en 1848, ne demandait pas la réalisation de son programme à la guerre et à la conquête. Il s'intitulait lui-même : *le parti français.* La politique impériale a changé tout cela. Aujourd'hui le parti unitaire, de l'autre côté du Rhin, est avant tout le parti *anti-français.*

Le comte de Paris, dans ses deux écrits sur l'Allemagne, explique avec une parfaite clarté toute cette situation, et il en montre les conséquences avec une sagacité réelle. Il nous fait voir l'Allemagne, après être devenue une grande puissance militaire, entraînée fatalement à devenir une grande puissance maritime et coloniale, et obligée, pour satisfaire cette nouvelle ambition, de chercher à conquérir la Hollande.

C'est surtout en développant sa puissance maritime que les chefs de l'Allemagne pourront flatter son ambition croissante, car elle a compris depuis longtemps qu'une forte marine militaire est nécessaire à une grande nation pour conserver son rang. Elle a le génie commercial et colonisateur. Ses émigrants et ses négociants vont partout, réussissent partout, et résistent aux climats les plus meurtriers. Ses relations d'affaires, soutenues par le développement extraordinaire de sa prospérité intérieure, s'étendent chaque jour davantage et bravent la concurrence de l'Angleterre et de l'Amérique.

Que lui manque-t-il pour devenir une grande puissance maritime? — Une seule chose qu'elle désire passionnément : des colonies.

Assurément rien en soi n'est plus légitime, et la création d'une grande colonie allemande, où cette race industrieuse planterait son drapeau, ne serait que favorable aux progrès de la civilisation. Mais ce serait une œuvre longue et fastidieuse, et il y a des colonies déjà fondées qu'il serait bien plus tentant d'acquérir. Il y en a une surtout d'une prospérité inouïe et gouvernée déjà par une nation d'origine germanique : ce sont les Indes néerlandaises. La possession de ces îles magnifiques serait pour l'Allemagne d'un prix inestimable.

On peut sauver les apparences sous le nom d'union douanière ou de protectorat; on peut proposer aux Hollandais un achat à l'amiable, tel que l'Empire l'avait négocié pour le Luxembourg. Et s'ils ne se laissent pas convaincre, les conséquences en retomberont sur eux.

L'Allemagne se trouvera alors encore une fois engagée dans la politique conquérante; et, poursuivant toujours ses rêves de grandeur, elle ira chercher de nouvelles difficultés et se créer de nouveaux ennemis dans cette population des Pays-Bas, de tout temps si attachée à son indépendance. (*L'Esprit de conquête en* 1870. — *Courrier de la Gironde* du 26 décembre 1870.)

Nous avons voulu, par cette citation, prouver que l'auteur de *l'Esprit de conquête en* 1870 possède un jugement politique sûr et droit, éclairé par une connaissance profonde des questions et relevé par un grand sentiment libéral. On trouverait d'autres exemples de cet esprit dans les divers écrits dus à la plume du comte de Paris [1].

Il nous faut revenir un peu en arrière pour rappeler brièvement les principaux événements de la vie privée du prince, à partir de la guerre d'Amérique.

Cette année de l'Exposition universelle de Londres vit presque toute la famille exilée réunie, à l'occasion de cette grande manifestation de l'art et

[1] Voici la liste complète de ces travaux :

Dans la *Revue des Deux-Mondes : la Semaine de Noël dans le Lancashire*, signé Forcade, 1er février 1863. — *L'Allemagne nouvelle*, signé Forcade, 1er août 1867. — *L'Église d'État et l'Église libre en Irlande*, signé X. Raymond, 15 mai 1868. — *Damas et le Liban*, Londres, Jeffs, 1865. — *Les Associations ouvrières* en Angleterre (*Trades Unions*). Paris, Germer Baillière, 1869. — *L'esprit de conquête en* 1870 (*Courrier de la Gironde*, 26 décembre 1870).

MARIE-ISABELLE

COMTESSE DE PARIS

de l'industrie. La partie française fut naturellement l'objet de l'étude de tous les princes, qui retrouvaient là, avec une supériorité habituelle dans un grand nombre de genres qui demandent du goût et de l'ingéniosité, les œuvres nationales hautement prisées par les autres pays. Chaque visite fut une occasion de manifestations sympathiques de la part de nos compatriotes accourus pour la circonstance; les résidences des exilés devinrent un lieu de pèlerinage très-suivi, et, pendant tout le temps que dura l'Exposition, ceux-ci se sentirent moins seuls et pouvaient retrouver un coin de la France sur la terre étrangère.

En 1859, au premier voyage du comte de Paris en Espagne, sa cousine germaine, la princesse Isabelle, fille du duc de Montpensier, n'était encore qu'une enfant : elle avait onze ans à peine. Mais en 1863, après son retour d'Amérique, le comte refit le même voyage, et revit sa cousine, qui était devenue une princesse accomplie. Il demanda sa main.

Le mariage se fit l'année suivante, à la chapelle catholique de Kingston près de Londres, et de 1864 à 1870, premières années de cette union heureuse et douce, on fit trêve aux longs voyages. Cependant la reine Amélie, vénérée de toute la famille,

mourut en 1866; elle avait tenu sur les fonts bap-
tismaux le premier enfant du comte de Paris et de
la princesse Isabelle; c'était une fille, qui reçut le
nom d'Amélie.

En 1867, le comte fit un troisième voyage en
Espagne, afin de ne pas séparer trop longtemps sa
jeune femme de la famille de Séville. Jusque-là,
tantôt en Allemagne, tantôt en Angleterre, toujours
nomade et recevant l'hospitalité de ses oncles, le
comte n'avait pas constitué un foyer; il s'établit à
York-House, à quelques pas d'Orléans-House, dans
la petite ville de Twickenham, une des plus jolies
positions des environs de Londres. Cette demeure,
très-modeste à côté de celle de son oncle, qui est
pleine d'œuvres d'art et d'objets de prix, suffit au
jeune prince; il y vécut dans la retraite, tout en se
livrant à son goût pour les études économiques,
qui le portait de temps en temps à faire des voyages
dans les trois Royaumes-Unis.

Le 6 février 1869, la princesse donna le jour à
un fils qui prit le titre de duc d'Orléans. Très-
bourbonienne d'aspect, la fille du duc de Montpensier unit à un grand air une simplicité qui met
facilement à l'aise tout ce qui l'entoure; sa mise
est modeste, sans aucune recherche; elle se plaît
à la vie de famille et s'intéresse aux travaux de

LOUIS-PHILIPPE-ROBERT

DUC D'ORLÉANS

l'esprit et au mouvement d'idées qui sont l'essence même de l'existence du prince. La vie du comte, à York-House, s'écoulait entre l'étude et la famille, et jamais union ne fut plus douce et plus calme. Un troisième enfant, une fille, leur est né en 1871.

La fille aînée, déjà grande, est mince et distinguée comme l'était la princesse son aïeule, qui fut un type de grâce et de noblesse.

Le duc d'Orléans, lui, s'annonce comme une nature vivace, robuste et fière, pleine d'entrain et de verve, et, malgré son jeune âge, les traits sont accentués et la physionomie a déjà son caractère particulier.

La princesse Hélène, la troisième, est encore au berceau.

Nous voici arrivés dans le récit à la période cruelle de la campagne de France. Dès le mois de juin, une demande collective adressée au Corps législatif à l'effet d'abroger les lois d'exil fut repoussée par cette assemblée. A la nouvelle des premiers désastres, le duc d'Aumale et le prince de Joinville se rendirent à Bruxelles, afin d'être plus à portée du théâtre de la guerre. Le comte de Paris, condamné à une douloureuse inaction, resta en Angleterre, attristé et groupant autour de lui toutes les sources d'informations les plus rapides. C'est à cette époque que se rattache l'écrit intitulé : *L'Esprit de conquête en* 1870, publié par le *Courrier de la Gironde*.

Une démarche tentée directement à Paris auprès des membres du Gouvernement, le 6 septembre, par le duc d'Aumale, le prince de Joinville et le duc de Chartres, n'aboutit pas à ouvrir légalement aux princes d'Orléans les portes du pays et à leur permettre de servir dans l'une des armées levées pour sa défense. Plus tard, le désastre devenant de jour en jour plus considérable, la tentative fut renouvelée et n'obtint pas plus de succès ; deux des princes, on le sait, passèrent outre et usèrent de subterfuge ; le comte de Paris, de York-House où il était alors, fit aussi parvenir sa demande à qui de droit ; mais déjà l'épisode relatif au refus des services du prince de Joinville avait résolu négativement cette douloureuse situation et paralysé les efforts du comte.

La loi d'abrogation votée par l'Assemblée nationale rouvrit enfin aux exilés les portes de France. Le comte rentra à son tour dans ce pays qui était le sien, mais qui lui était fatalement inconnu. Il revit la tombe de ses aïeux, et la petite maison de Dreux, qui s'élève près des monuments funèbres consacrés à sa famille. Puis il entra dans Paris, où il eut la douleur de voir en ruine les palais où, tout enfant, il avait fait ses premiers pas. Réfugié d'abord un instant chez M. de Ségur, puis plus longtemps chez M. de Villeneuve, gendre de M. de Montalivet, il a fini par s'établir au premier étage de l'hôtel du faubourg Saint-Honoré, où son oncle, le duc d'Aumale, a fixé sa résidence.

Nous ne devons pas nous borner seulement à l'étude des faits; il importe de dessiner, pour la faire connaître au public, cette physionomie politique, très-ignorée par la force même des circonstances, et sur laquelle on se méprend volontiers.

Le comte de Paris, parvenu aujourd'hui à l'âge de trente-quatre ans, d'une nature robuste et puissante, de très-haute taille, est doué d'une grande activité morale et physique. Ses nombreux voyages, ses séjours en Allemagne, en Angleterre et en Amérique, ont ouvert son esprit et équilibré ses idées; en même temps qu'une rude jeunesse, sur laquelle un long exil jetait comme un voile de mélancolie et d'irréparable tristesse, venait apporter le fruit d'une précoce maturité, que la duchesse d'Orléans constatait dans sa correspondance avec sa famille d'Angleterre. Si les Français, quelles que soient d'ailleurs les qualités qui les peuvent distinguer, ont un défaut originel, c'est celui qui résulte de la position que l'Europe entière a faite à leur pays longtemps privilégié; ils ne suivent pas assez les progrès des autres nations, restent enclins à croire qu'ils sont le pivot du monde, et que c'est chez eux que toutes les spécialités ont atteint leur apogée. L'éducation fatalement cosmopolite des jeunes princes de la famille d'Orléans les a gardés de cette redoutable erreur, que nous avons si cruellement expiée; et le comte de Paris, plus qu'aucun des membres de sa famille, a pu juger et comparer.

Le prince, pendant longtemps, n'a pu étudier notre pays sur place en témoin oculaire et quotidien, mais tout ce qu'on peut apprendre de nos institutions sans en avoir vu fonctionner les rouages, tout ce que l'étude peut révéler sur nos mœurs, nos tendances, notre caractère, il ne pouvait l'ignorer. Depuis le jour où la loi d'abrogation l'a rendu à sa patrie, on l'a vu employer toute son activité à fortifier ces connaissances théoriques.

Installé désormais au faubourg Saint-Honoré, le comte de Paris travaille le matin, et ses études s'appliquent à tout ce qui touche la politique, les questions économiques et l'administration. Il reçoit beaucoup de monde, voit avec suite un très-grand nombre d'hommes politiques. Toujours passionné pour les questions qui intéressent l'ouvrier, il emploie son temps, au sortir d'une conférence sur les questions du jour, à visiter les usines ou à s'aboucher avec les hommes qui ont en main de grands intérêts industriels.

Quels que soient les bruits qui aient circulé à ce sujet et les insinuations des partis, l'alliance est très-étroite entre le prince et tous les membres de la famille; chacun fait le plus grand cas de ce jugement sûr et de cette maturité d'esprit fortifiée par une incessante étude.

- Il y a là une personnalité politique prudente, libérale, douée d'un calme qui ne peut s'acquérir lorsque la nature a refusé tout d'abord ce don précieux. Très-réfléchi, très-posé, d'un aspect noble et rappelant par les manières le prince son père, le comte de Paris sait dire à chacun de ceux qui l'approchent le mot qui convient et qui touche. Et, qu'il soit savant, artiste ou homme politique, celui qui traite avec lui trouve dans la conversation du prince un aliment à l'intérêt spécial qui le guide. Comme tous les tempéraments mesurés, qui peu à peu acquièrent de la force, et, butinant pour ainsi dire chaque jour, augmentent leur patrimoine intellectuel et s'assimilent pour jamais les choses qu'ils ont étudiées et les connaissances que la pratique leur a acquises, le comte de Paris a fondé peu à peu son autorité personnelle. Il n'a pas atteint ce but tout d'un coup, par ces éclats brillants qui percent comme des rayons, mais par la persuasion lente et par d'incessantes manifestations. On a constaté de jour en jour avec plus de certitude la force de son jugement, la sûreté de son coup d'œil et la portée de son intelligence. Le fils aîné du duc d'Orléans compte donc par lui-même, et, toujours poussé par un insatiable besoin de voir et de savoir, il comptera certainement chaque jour de plus en plus.

ROBERT-PHILIPPE-LOUIS-EUGÈNE FERDINAND

DUC DE CHARTRES

DUC DE CHARTRES

Le sort du duc de Chartres ne peut pas être séparé de celui de son frère aîné, le comte de Paris, jusqu'à la date du 18 mai 1858.

Ce jour-là, cette jeune famille si cruellement éprouvée reçoit un dernier coup, le plus douloureux peut-être, car les enfants inconscients sont devenus de jeunes hommes mûris par l'exil, et leur âme est mieux préparée à sentir tout ce qu'il y a d'amer dans un malheur aussi profond que celui qui les accable. La duchesse d'Orléans est morte, et pour répondre au vœu de leur père, les deux frères vont se séparer, afin de suivre la ligne d'éducation qu'il leur a tracée.

Le testament du duc d'Orléans indiquait pour l'éducation du comte de Paris une ligne d'études essentiellement politique, afin que celui-ci se préparât au rôle qui lui semblait réservé. Il n'est pas douteux qu'en même temps l'héritier du trône, frappé dans la séve de la vie, aurait voulu, s'il avait vécu, faire de son second fils un soldat.

Or, jamais peut-être la nature ne seconda mieux les intérêts élevés d'une famille royale en douant chacun de ses deux héritiers des qualités spéciales qui doivent caractériser deux princes destinés alors, l'un à gouverner, l'autre à combattre.

Le comte de Paris, homme d'étude, nature prudente et calme, semble conformé physiquement pour le rôle auquel il était destiné tout d'abord. Il est doux, posé, réfléchi, et d'une taille noble qui domine et représente. Il paraîtra, il siégera dans les conseils, il se livrera dans la retraite à l'étude des graves questions qui surgiront chaque jour; il poursuivra la réalisation des conceptions qu'il aura imaginées : c'est une nature et un tempérament politiques. Chartres, au contraire, est un soldat, et, dès le premier abord, personne ne s'y trompe. Il est grand, alerte, mince, rapide, vif d'allures, *entraîné* moralement et physiquement. C'est un officier de cavalerie auquel il faut la vie du camp, ses alertes, son danger et sa gloire; l'incessant mouvement, les intempéries, et même la ferme discipline, dans laquelle il se meut à l'aise. Il est nerveux, agile, robuste, et sous le soldat on voit percer le prince qui saura comman-

der parce qu'il a toujours su obéir. Si, par une
de ses ironies, la nature avait interverti pour chacun des deux princes les rôles inhérents à leur
caractère, je crois que l'éducation n'aurait pu
que difficilement remédier à ces dispositions bien
nettes, bien caractérisées, et dont l'affirmation ne
saurait être douteuse même au simple examen.

Le 23 novembre 1858, Robert d'Orléans quitte
la résidence de Claremont; il abandonne son aïeule
la reine Marie-Amélie et tous les siens, groupés
autour de cette vénérable mère, que tant de coups
successifs n'ont pas encore brisée. En passant par
la Belgique, il trouve le général Changarnier, le
compagnon d'armes de son père et de ses oncles,
proscrit comme lui, et reçoit les encouragements
et les conseils du vieux soldat d'Afrique. Arrivé le
28 novembre à Turin, le duc passe successivement
les 6, 7 et 8 décembre, d'une façon brillante, les
trois examens publics, qui lui ouvrent les portes
de l'École spéciale militaire.

L'élève faisait déjà honneur au général Trezel,
qui l'avait lancé dans cette voie dès l'enfance; à
M. Esselbach, un jeune Danois fort distingué qui
lui avait enseigné les mathématiques, et au savant
M. Guérard.

Ce n'était point au hasard qu'on avait choisi

pour le duc de Chartres l'École militaire de Turin. L'armée piémontaise, par son organisation, se rapprochait beaucoup de l'armée française; et quelques années auparavant, sous les ordres de La Marmora, les Piémontais avaient combattu côte à côte avec l'armée française sur les champs de bataille de Crimée. C'est le duc d'Aumale qui s'était chargé de négocier avec le Roi et M. de Cavour afin d'obtenir l'autorisation nécessaire. Le grand ministre, très-indépendant, et qui ne craignait pas de déplaire dans cette circonstance à Napoléon III, laissa comprendre qu'une guerre entre l'Autriche et la France pouvait éclater un jour, et que l'armée piémontaise y jouerait son rôle. Loin d'être une condition difficile, c'était au contraire un attrait pour le duc de Chartres. L'accueil de la famille royale et celui de la société piémontaise furent d'une cordialité sincère, et, en face de ce respect de la légalité qui assimilait un prince au premier citoyen venu en l'assujettissant aux mêmes épreuves et le soumettant aux conditions de tous; la presse la plus avancée du pays rendit justice à la tradition libérale et populaire qui, de génération en génération, avait été celle de la branche d'Orléans.

Le 9 décembre, Robert d'Orléans fait son entrée

à l'École; le général Pettinengo, une loyale nature, qui la commande, fait la présentation aux élèves; selon la tradition, on apporte le café, on se tutoie sans détours, et le duc de Chartres est reçu. Il n'y a pas à peindre la vie militaire à Turin, elle ressemble à s'y méprendre à celle de Saint-Cyr. Dès le jour jusqu'à la nuit les travaux se succèdent. Le jeune duc habite chez lui et suit les cours. Le marquis de Beauvoir, un vieil ami de la famille, père du jeune voyageur auquel on doit trois volumes curieux sur l'Australie, la Chine et le Japon, a quitté la France pour rendre l'exil et l'éloignement de sa famille moins sensibles à Robert d'Orléans.

On sent bien que ces situations ne peuvent être que précaires; le moindre incident politique peut créer d'irréparables incompatibilités. Dès le mois de janvier, le mariage du prince Napoléon avec la fille du roi d'Italie vient jeter l'inquiétude dans la famille d'Orléans. L'Italie n'est plus désintéressée, le drapeau sarde n'est plus un pavillon neutre. Qui sait quels sont les projets de l'empereur Napoléon III !

La situation politique, cependant, se dessine : c'est le pouvoir de l'Autriche qui est en jeu. Le 23 avril, l'empereur François-Joseph envoie son ultimatum; l'Italie arme, et la France se lève; on appelle les réserves, on instruit les recrues, on forme des corps francs; les élèves de l'École militaire, destinés à faire à Turin un plus long séjour, passent leurs examens de sortie. Robert d'Orléans, devenu caporal, puis instructeur, sort avec le numéro 2.

La ville de Turin est prise de vertige; l'armée piémontaise est prête, bien équipée, très-résolue; on sent qu'elle ira au feu avec énergie; les premiers corps s'ébranlent et franchissent la frontière. Mais bientôt on annonce l'arrivée des troupes françaises. Le 19ᵉ bataillon de chasseurs à pied, — jadis les chasseurs d'Orléans, — a passé le mont Cenis, il est à Suse, on l'attend à Turin. Il entre enfin, et le clairon résonne; les petits chasseurs nerveux, au pas rapide et bien rhythmé, traversent les rues droites et nettes de Turin. Ce jour-là même, Robert d'Orléans, nommé sous-lieutenant au régiment de Nice-cavalerie, vient de revêtir l'uniforme. Le Roi l'appelle et l'invite à choisir dans ses écuries un beau cheval de guerre. Un autre, plus prudent, plus calme, dans ces écuries d'un Roi-soldat, eût choisi un cheval de robe neutre, d'un ton effacé, qui de loin ne trahît pas celui qui s'avance à l'ennemi. Le duc, lui, ardent et fier,

choisit, comme un paladin, une bête fougueuse,
blanche comme lait, et, en grand uniforme, court
au-devant des bataillons français : avec une sorte
d'ivresse qui fait bondir le cœur et qui mouille les
yeux, Robert d'Orléans salue enfin le cher drapeau
tricolore et s'enthousiasme au son fiévreux du clairon français qui sonne la marche.

Dès les premiers jours de mai, l'armée autrichienne, dans un moment d'audace, a passé le
Tessin et menace Turin ; l'armée française vient de
débarquer, elle est à peine organisée et approvi-
sionnée ; la cavalerie de ligne piémontaise est char-
gée, avec les corps francs de Garibaldi, de former
sur la Sésia un rideau qui masquera aux Autrichiens l'absence de toute force sérieuse entre eux
et Turin. C'est le début du duc de Chartres. Nice-
cavalerie occupe les avant-postes du côté de Ver-
ceil. Le 22, le régiment est engagé tout le jour
vers Borgo ; le capitaine Brunetta est tué à côté du
duc de Chartres, et celui-ci prend de sa main un
officier autrichien porteur de dépêches. Mais le
combat de Montebello est déjà livré, les Autrichiens
repassent le Tessin ; Turin n'est plus menacé : et
le moment des grandes luttes approche.

Le 2 juin, notre officier de cavalerie reçoit les
deux cent trente-quatre prisonniers faits à Palestro

par le 3ᵉ zouaves, et, en mainte occasion, il combat côte à côte avec les Français. Plus d'un vieil officier au pantalon rouge, en entendant nommer le jeune sous-lieutenant, évoque les souvenirs d'Afrique. Il y a quelque chose de touchant et de piquant à la fois dans ce rapprochement, sous le feu de l'ennemi, de ces compatriotes séparés par la fatalité de l'exil. Mais au moins Robert d'Orléans voit des Français; il parle leur langue, il salue leur drapeau, il applaudit à leur victoire, et si son sang coule, il se mêlera dans la même ambulance au sang français que les alliés versent pour la cause italienne.

Un jour, il est envoyé auprès du colonel Chabron, un rude soldat, un peu dur, mais franc comme l'or, une nature chaude et généreuse. Il a rempli sa mission; le colonel, avec la courtoisie habituelle en pareille circonstance, donne congé à l'officier de Nice-cavalerie, et s'étonne de ce qu'un Italien parle aussi bien le français.

« Mais je suis Français, mon colonel. — Ah! Français! Tiens! et vous servez l'Italie? Quel est donc votre nom? — De Chartres. »

A ce nom de Chartres le colonel Chabron a tout compris; il a peine à cacher son émotion : c'est un exilé qui lui parle, un fils de France, l'enfant de celui-là même qui l'a mené au feu en Afrique. Ses yeux se mouillent, son cœur bat..... « Buvons à votre père ! monsieur le duc », dit Chabron en tendant un verre à Chartres. « Buvons à la France ! mon colonel », reprend Chartres les larmes aux yeux.

Le rôle de la cavalerie fut assez restreint dans ces grandes journées, où l'infanterie, selon le mot connu, est la *reine des batailles*. Cependant çà et là, dans les comptes rendus du temps, nous trouvons quelques détails sur les engagements auxquels Nice-cavalerie prend part. Le sous-lieutenant gagne un à un ses grades ; il est devenu capitaine et porte la médaille d'Italie, au liséré rouge et blanc, donnée par le gouvernement français à ses propres soldats et aux troupes piémontaises qui ont combattu avec eux. A Milan, après la victoire, il se mêle à l'armée française, et il reçoit des officiers un accueil vraiment touchant.

Mais l'Italie va droit à son but. La Lombardie délivrée, les volontaires s'agitent au nom de l'unité ; la Sicile est soulevée. L'armée piémontaise entre dans les Romagnes, et la campagne des Marches et de l'Ombrie est résolue. Lamoricière, Pimodan vont combattre avec des Français comme alliés des troupes napolitaines et pontificales : un d'Orléans doit remettre l'épée au fourreau.

Nous étions alors entraîné nous-même par un mouvement de curiosité juvénile, et, passant de l'armée espagnole, à peine revenue du Maroc, dans l'armée piémontaise, nous trouvâmes dans les états-majors et dans ce régiment même où Robert d'Orléans venait de servir, le souvenir du jeune prince encore vivant et hautement sympathique. Généraux, officiers et soldats venaient à nous, et, pour nous parler d'un sujet français, nous disaient le nom de notre compatriote, en regrettant vivement que des circonstances inéluctables les eussent privés de leur jeune compagnon d'armes. Les généraux Fanti, Cialdini, Cugia, Menabrea, nous parlèrent tour à tour de l'officier de cavalerie Robert d'Orléans, qui, au lieu de se réfugier dans une sinécure militaire sous le prétexte de voir les choses d'ensemble, avait étudié la guerre à sa place dans le rang, et faisant galamment son devoir au feu.

Voulant se conformer au vœu de la Reine, sa tutrice, le duc de Chartres, en présence des faits qui lui interdisaient de continuer à servir sous le drapeau sarde, écrivit deux lettres adressées au ministre de la guerre à Turin. Par la première, il donnait purement et simplement sa démission ; par la seconde, il demandait sa mise en expectative, sorte de demi-retraite qui entraîne la démission au bout d'un certain nombre d'années. La Reine préféra cette dernière solution.

C'est alors que la guerre d'Amérique offrit un nouveau champ à l'activité du jeune officier, et cette fois il eut son frère aîné pour compagnon d'armes. Nous avons dit quelle fut la part que le comte de Paris prit à l'expédition; le duc de Chartres, lui, vécut aux avant-postes; quoique officier d'état-major et attaché au général en chef Mac-Clellan, dans mainte et mainte circonstance il risqua sa vie avec un courage presque téméraire.

En février 1862, il faisait, par un temps de neige, une reconnaissance avec quelques cavaliers : c'était aux environs de Washington; arrivé à un endroit appelé Peck's-House, il tombe sur un avant-poste de cavalerie confédérée : une mêlée s'engage; quelques-uns des cavaliers ennemis sautent en selle et gagnent les bois; d'autres, plus audacieux, rejoignent une maison voisine, s'y retranchent, et les fédérés vont leur donner l'assaut.

Chaque fenêtre devient une meurtrière; le duc de Chartres, visé presque à bout portant par une lucarne, évite la balle; mais son compagnon de droite, le capitaine Wilson, est frappé et tombe le cou traversé par le projectile.

Il assista au siége de York-Town et aux nombreux petits combats auxquels ce siége donna lieu. La veille de la bataille de Williamsburg, comme il faisait encore une reconnaissance, — on l'y employait volontiers, cette opération exigeant de l'entrain, de l'habileté, et ce qu'on appelle en terme de guerre un officier *très-allant,* — Chartres tombe à l'improviste sur une colonne de cavalerie ennemie qui éclairait assez mal ses derrières, il oblique un peu, gagne un bois, s'y dissimule, et avec son entrain incroyable, lui enlève dix-sept prisonniers.

Le duc faisait les fonctions d'aide de camp du général Stoneman pendant le brillant combat de cavalerie qui termina la journée. Au coucher du soleil, le général l'envoya avec deux officiers pour reconnaître s'il était possible d'enlever une pièce d'artillerie qui était restée embourbée dans un retour offensif de l'ennemi. Toujours *crâne* et opérant avec intelligence, le prince laisse son infanterie abritée dans le bois et s'avance tout seul le plus près possible de la pièce; mais l'ennemi, qui prévoyait cette tentative, a mis là une embuscade, et pendant un instant, seul et à découvert, il sert de cible aux tirailleurs confédérés. Ce jour-là, comme à Peck's-House, on peut dire qu'il vit la mort de près.

On employait aussi le jeune officier à des missions de confiance ; et quand il fallait un homme prompt, solide et intelligent, Chartres était là. C'est ainsi qu'un jour, après deux combats consécutifs, les deux ailes de l'armée fédérée ayant été coupées par l'ennemi, il fut chargé de rétablir les communications.

Vers la fin de la campagne, comme il était campé au bord des marais qui avoisinent Richmond, il ressentit de subites atteintes des fièvres qui décimaient alors l'armée. Nature énergique et forte, il lutta longtemps ; mais il fallut, sur des ordres formels, se rendre à Washington. Le 25 juin, comme il se mettait en route, on entendit le canon ; dès lors, personne n'eut assez d'autorité pour lui faire continuer son chemin ; il rebroussa, se fit détacher auprès du général Porter, commandant le corps engagé, et prit la part la plus active à la bataille de Gaine's-Hill.

Nous avons dit quelles circonstances mirent fin à l'engagement volontaire des deux princes ; le duc de Chartres, pas plus que le comte de Paris, ne pouvait les surmonter. Jusqu'au printemps de 1866, il vécut auprès de ses oncles et voyagea, dans le but de s'instruire au point de vue militaire. Au printemps de 1866, quand l'Italie venait de s'allier à la Prusse et reprenait l'œuvre interrompue par le traité de Villafranca, le duc de Chartres se rappela qu'il était encore officier au service du Piémont, et regarda comme un engagement d'honneur le devoir de redemander la place que le roi Victor-Emmanuel lui-même avait promis de lui réserver. La politique ne pouvait pas prévaloir dans cette question ; le duc arriva donc à Florence quelques jours avant Custozza : mais La Marmora, qui était alors premier ministre, craignit de se compromettre en acceptant ses services, et interpréta les règlements militaires, qui ne donnaient pas à l'officier de cavalerie le droit formel de reprendre son poste. Les témoignages que le duc de Chartres reçut alors de ses compagnons d'armes, et l'unanimité des regrets qui lui furent manifestés à l'occasion de cette décision, furent une honorable compensation à ce refus.

Accompagné de son frère aîné, Chartres, éloigné comme soldat, voulut assister d'aussi près que possible aux événements de l'ordre politique : il entra à Venise en même temps que les troupes italiennes, et recueillit là de nombreuses et piquantes observations. Mais la guerre était bien son véritable élément, c'est ainsi qu'il la cherchait même dans ses loisirs : il passa une partie de l'année 1868 à visiter les nombreux champs de bataille de la vallée du Rhin; et, au commencement de 1869, il publia sur ce sujet une étude qui eut la bonne fortune d'appeler l'attention des officiers allemands. L'un de ces officiers, toujours à l'affût de ce qui peut augmenter les connaissances militaires, demanda au duc la permission de traduire cet ouvrage, dont le titre exact est : *Souvenirs de voyage. — Une visite à quelques champs de bataille de la vallée du Rhin.*

Il faut bien constater qu'il n'y a pas une lacune dans cette carrière, car, à la fin de 1869, les princes de la famille d'Orléans ayant résolu de publier l'ouvrage du duc d'Orléans sur les campagnes d'Afrique, et le comte de Paris ayant écrit quelques lignes d'avant-propos, le duc de Chartres, afin de suppléer à une lacune considérable de l'ouvrage (qui ne commence qu'en 1835), traça le récit de l'expédition depuis 1830 jusqu'à cette date, et en fit l'introduction à l'ouvrage de son père. C'est certainement ce qu'il y a de plus complet sur cette période des guerres d'Afrique.

Nous voici arrivé, dans notre récit, à l'année 1870.

La guerre est déclarée; la pétition adressée au Corps législatif, en 1870, a été repoussée. Le désastre de Sedan est connu et le 4 septembre s'est accompli. Le 6 du même mois, le duc d'Aumale, le prince de Joinville et le duc de Chartres sont à Paris; le gouvernement de la Défense nationale s'adresse à leur patriotisme et les supplie de s'éloigner; ils doivent, dit-on, se sacrifier à leur pays, et on leur refuse la consolation de servir dans les rangs de l'armée.

Chartres est revenu en Angleterre; mais comme le désastre s'accroît de jour en jour, il n'y tient plus : le 25 septembre, le prince de Joinville et lui manquent à la table de famille. Quèlques jours après, un certain Robert le Fort, récemment arrivé d'Amérique, se faisait accepter comme capitaine de gardes nationales à l'état-major de M. Estancelin. Entre la date du 24 septembre et l'incorporation de Robert le Fort, le 1ᵉʳ octobre, le prince de Joinville et le duc de Chartres éprouvent de la part de MM. Glais-Bizoin, Crémieux et Fourichon, mem-bres de la délégation réunie à Tours, le même refus que leur ont opposé à Paris les membres de la Défense nationale. Avant de se confier à M. Estancelin, l'ami dévoué de sa famille, de Chartres se présente à Rouen au commandant d'un bataillon de mobiles de la Loire-Inférieure, et est décidé à s'engager comme simple soldat ; déjà il est accepté sous un nom quelconque, mais au moment de quitter le commandant, celui-ci exige que le volontaire se mette en règle avec l'intendance pour constater son identité. C'est alors qu'il a récours à M. Estancelin et prend ce pseudonyme de Robert le Fort, en souvenir du duc de France tué dans un combat contre les Normands en 866, et dont les fils Eudes et Robert, avec Hugues Capet, leur petit-fils, vont fonder la dynastie capétienne.

Le capitaine le Fort est entré au service ; son ami, plus âgé que lui, a disparu ; il voyage, dit-on, en Normandie. Connu seulement du commandant supérieur, de M. Hermel, son chef d'état-major, et de M. de Beaumini, capitaine, le duc s'installe à la préfecture, où un Anglais, attaché à l'ambulance, le reconnaît immédiatement ; il comprend le danger, met l'étranger au fait de la situation, et obtient la promesse du secret absolu. Il n'était même pas encore équipé ; il sort un instant, revient en uniforme, et comme il veut rentrer à la préfecture, qui sert de quartier général, il la trouve entourée par une de ces manifestations hostiles trop fréquentes alors ; son premier soin est de rassembler les mobiles et de disperser les groupes. Le Fort prend immédiatement le commandement d'un petit détachement de cavaliers, les éclaireurs de la Seine-Inférieure, qui forment un groupe de vingt à trente hommes. Il est à lui-même son état-major, son comptable, son fourrier et son maréchal des logis. Envoyé à Fleury-sur-Andelle, alors menacé par l'ennemi qui tient Gisors, il bat le pays, il fait des reconnaissances, il loge chez l'habitant, qui est frappé de sa distinction, de ses connaissances militaires et de cette fermeté dans la discipline qui le porte à rappeler sévèrement à l'ordre tout subordonné qui s'écarte des lois du respect dû à tous. Par-ci, par-là, le capitaine a la chance de prendre part à quelques escarmouches, côte à côte avec le 1er hussards, à Longchamps, au Thil, etc., etc.

Dans une de ces petites affaires qui ont pour but ou de reconnaître l'ennemi, ou de le contenir, le capitaine rencontre un détachement de uhlans qu'il poursuit pendant plusieurs kilomètres de tout le train de ses chevaux. Plusieurs sont tués ; mais le uhlan a du prestige, et il s'agit de faire au moins un prisonnier. Avec un sous-lieutenant de dragons, depuis tué à Amiens, le Fort poursuit sa course jusqu'aux réserves ennemies et donne la chasse aux derniers cavaliers ; au moment où il va couper le chemin à l'un d'eux, une courroie se rompt, et le duc est obligé de ralentir, pendant que son compagnon met la main sur l'épaule du uhlan et le déclare de bonne prise.

Le général Briant commandait alors à Rouen ; il prépare une expédition contre Gisors, occupé par l'ennemi, et forme trois colonnes : celle du centre enlève un poste à Étrepagny ; mais ces troupes, peu expérimentées, sont désorganisées par ce petit combat et doivent se reformer sans aller plus loin ; la colonne de droite perd son chemin ; celle de gauche, ayant à sa tête les éclaireurs commandés par le Fort, arrive devant Gisors et constate qu'elle se trouve complétement isolée : il faut se replier. Le 5 décembre, on rencontre l'ennemi à Buchy ; les Prussiens occupent Rouen, les éclaireurs de la Seine quittent la ville les derniers. Cette retraite de vingt-quatre heures dans la neige permet au général Briant d'apprécier l'énergie du capitaine le Fort, qui saisit cette occasion d'entrer dans un état-major régulier de l'armée de ligne. Il est un instant détaché au Havre, alors menacé, et bientôt rejoint à Cherbourg son nouveau général, qui lui apprend qu'il a demandé pour lui le grade de chef d'escadron à titre auxiliaire.

Pendant son séjour à Cherbourg, le général Briant souffre beaucoup du manque absolu de cartes de France; cet obstacle l'arrête à chaque pas et rend sa marche difficile. Le duc de Chartres, qui a son idée, se fait fort, si on lui donne la permission de s'absenter pendant trente-six heures, de rapporter la carte complète de l'état-major, dont il possède la collection. Comme c'est une lacune indispensable, le général accepte; le Fort part, et un matin, à la première heure, un jeune officier, hâlé, barbu, enveloppé dans la peau de bique de campagne, sonne à la porte de Morgan-House. C'est le maître de la maison qui a passé la Manche et vient remplir sa mission; mais c'est à peine si parents, amis et serviteurs le peuvent reconnaître. Il apporte des nouvelles de France aux exilés. Pendant vingt-quatre heures, les hôtes, à la fois attristés de ces récits, et joyeux de revoir l'absent, jouissent de sa présence. Tout le monde cependant doit ignorer la visite de l'officier, dont M. Gambetta, le ministre de la guerre en province, est en train de signer la nomination, sans se douter qu'en donnant le grade de chef d'escadron au capitaine le Fort, il donne de l'avancement au petit-fils d'un Roi de France. A l'heure dite, le Fort est à son poste; il rapporte les cartes, et personne ne se doute de ce qui vient de se passer.

Le secret, il faut le dire, fut bien gardé; les Allemands, qui ont su tant de ch ses, ont ignoré jusqu'au bout quelle personnali : se cachait sous le nom de Robert le Fort; ils sa aient cependant que les princes servaient, car un jour, guidé sans doute par un esprit bienveillant, un intermédiaire demanda qu'on voulût bien faire connaître sous quel nom se cachait le prince, afin que s'il était fait prisonnier dans telle ou telle circonstance, la famille royale de Prusse pût intervenir pour empêcher un malheur. Ce fut le duc d'Aumale qui reçut le messager; voici sa réponse textuelle : « Chartres est là où il doit être; si vous le faites prisonnier, fusillez-le, pendez-le, brûlez-le même si vous le voulez; il fait son devoir, et nous ne dirons pas le nom sous lequel il se cache pour l'accomplir. »

Revenu à Cherbourg, où s'organisait le 19e corps, le général d'Argent, rappelé d'Afrique et qui devait commander une division, prit le nouveau chef d'escadron à son état-major. Difficilement équipé et laborieusement organisé, le 19e corps se mit en marche au moment même où venait de se livrer la bataille du Mans; elle eut pour résultat d'isoler ces troupes de l'armée de la Loire, et on n'eut plus que quelques rencontres

7

insignifiantes avec le général duc de Mecklembourg dans le département de l'Orne. On se concentrait sur Granville, quand arriva la nouvelle de l'armistice.

Ici se place un épisode à la fois piquant et douloureux. On se rappelle que M. Jules Favre, pressé par le temps, manquant de renseignements sur les positions occupées par nos troupes, et égaré peut-être par les indications, naturellement favorables aux Allemands, fournies par le général de Moltke lui-même, avait désigné comme ligne de délimitation certains points qui forçaient les armées de la Loire à rétrograder et à abandonner par conséquent des positions qui leur appartenaient.

La délimitation sur place fut une œuvre délicate et pleine de difficultés. Sur presque tous les points, il y eut des discussions graves et des transactions onéreuses. Sa complète connaissance de la langue allemande désignait naturellement le commandant le Fort au choix du général en chef; il fut donc envoyé, avec le chef d'escadrons Senault, pour disputer le terrain au vainqueur, qui interprétait les lacunes du traité d'une façon toujours défavorable. On eut le bonheur de sauver et Lisieux et Argentan de la rude occupation de l'ennemi.

Les conditions de l'armistice bien arrêtées, avec

cette restriction que la convention était imposée plutôt que loyalement discutée, le 19ᵉ corps fit une marche vers le sud de la Loire et vint former l'aile gauche de l'armée de Chanzy; car, si la guerre devait recommencer, il fallait couvrir les derniers boulevards de la résistance,

Le 29 février 1871, les préliminaires de paix votés par l'Assemblée amenèrent immédiatement le licenciement des états-majors; le duc de Chartres reprit le chemin de l'Angleterre en passant par Paris. Il y resta la veille de cette funeste journée du 18 mars; il ne savait pas si le sort lui permettrait de rentrer en France; il voulait revoir encore sa ville natale.

Le 19 au matin, il était arrivé à Londres, quand on reçut la dépêche de l'insurrection. Le soir même son parti était pris : il passa le détroit pour se mettre à la disposition du gouvernement. Mais un très-grand nombre d'officiers, revenus de leur captivité en Allemagne, sollicitaient des emplois; l'offre du duc de Chartres ne fut pas acceptée, et il dut reprendre la route de l'Angleterre. Toujours aventureux, il voulut entrer dans la ville où la Commune était installée; il passa encore à Paris la journée du 22 mars, et assista à la sanglante fusillade de la rue de la Paix. On comprend le danger que pouvait courir, dans cette capitale livrée à l'anarchie, le commandant Robert le Fort, qui était un otage désigné à double titre, comme prince de race royale et comme officier français. Le 23, il arrivait à Morgan-House, qu'il ne quitta qu'à la nouvelle de l'abrogation de la loi d'exil.

C'est le 18 mars, le jour de son retour en France, que le duc, proposé sous son nom d'emprunt par le général Chanzy pour le grade de chevalier de la Légion d'honneur, reçut avis de sa nomination. Le général d'Argent, son chef direct, ignorait le nom et la position de son officier d'état-major; quand il apprit que c'était le duc de Chartres qui se cachait sous le nom de le Fort, il adressa à son subordonné une lettre charmante, qui prit sa place au curieux dossier que forment les nombreuses lettres écrites dans cette circonstance par les supérieurs du chef d'escadron et par ses compagnons d'armes. Le général Le Flô, alors ministre de la guerre, avait su à quoi s'en tenir sur l'identité de le Fort, et fit dire au duc combien il était heureux d'avoir à signer ce brevet de chevalier.

Peu de temps après, le gouvernement, usant du pouvoir discrétionnaire qui lui permettait de conserver à son service ceux des officiers qu'il jugeait dignes de ce choix, jusqu'à ratification par l'Assemblée, appela le duc de Chartres au 3e chasseurs d'Afrique, qui faisait alors campagne dans la province de Constantine. Après un séjour de deux mois en France, le prince, qui voyait se réaliser son vœu le plus cher, se sépara encore une fois des siens et rejoignit, en septembre dernier, la colonne du général Saussier, qui marchait sur Batna et devait opérer contre Bou-Mezrag, dans le midi de la province de Constantine. Il eut l'occasion, dans cette campagne, de commander les trois escadrons de chasseurs attachés à la colonne, et assista à deux affaires heureuses. Dans la seconde, qui eut lieu le 8 octobre, on s'empara de toute la smalah de Bou-Mezrag.

Pour un soldat épris de son métier, c'est là une vie nouvelle; les horizons ne sont plus les mêmes, et la stratégie ne ressemble pas à celle en usage en Italie, au Potomac ou en France; enfin, c'est un curieux contraste avec cette dernière campagne de France par quatorze degrés de froid et dans des plaines neigeuses. C'est en face de l'ennemi, toujours menaçant, que le duc de Chartres reçut avis de la décision de la commission des grades de

l'Assemblée nationale, qui confirmait à titre définitif sa nomination de chef d'escadrons dans l'armée française.

Cette carrière militaire ferait honneur à qui-
conque; elle a été traversée par bien des incidents
politiques qui ont contrarié la vocation en lui oppo-
sant des circonstances insurmontables, et cependant
elle est déjà très-remplie. Le duc de Chartres, on
le voit, est un vigoureux soldat, un homme de résolution, de sang-froid et d'énergie. Ajoutons que
ce n'est point seulement un *troupier,* il peut compter parmi les plus distingués des officiers d'état-
major, et ses connaissances militaires sont vastes
et précises. Ses amis ajoutent qu'il est le plus loyal
et le plus dévoué des compagnons d'armes, et dans
les différentes armées où il a servi il a laissé un
profond souvenir.

Le duc de Chartres, en 1863, le 11 juin, a
épousé sa cousine, la princesse Françoise-Marie-
Amélie d'Orléans, fille du prince de Joinville, qui
est aujourd'hui dans sa vingt-huitième année. La
duchesse de Chartres, mince, élégante et d'une
réelle beauté, a des qualités brillantes et sponta-
nées. Elle est cependant d'une certaine timidité, et
mêle aux tendances d'une mère de famille les dons

FRANÇOISE-MARIE-AMÉLIE

DUCHESSE DE CHARTRES

heureux d'une femme qui serait appelée à briller dans la vie mondaine. Elle suit vigoureusement les chasses les plus difficiles, et à côté de son mari, qui est regardé comme un des meilleurs cavaliers, non pas seulement de France, mais d'Angleterre, elle fournit sa carrière dans un *hunting* à outrance. Du prince de Joinville elle a l'aptitude charmante d'un peintre facile, et son talent en ce genre s'élève au-dessus des facultés restreintes et mièvres des amateurs.

La duchesse a quatre enfants, dont deux garçons, Robert et Henri, nés l'un en 1866, l'autre en 1867 à Ham, près de Richmond.

Ses filles sont nées, l'une en 1865, l'autre en 1869.

LOUIS-CHARLES-PHILIPPE-RAPHAEL

DUC DE NEMOURS

DUC DE NEMOURS

Le duc de Nemours est simple, accueillant, bienveillant à tous, d'une réserve excessive, d'un caractère timide et presque craintif. Sa réserve naturelle, et peut-être un peu outrée pour le rang qu'il
occupe, est prise facilement pour de la hauteur et
pour une morgue dont nul n'est plus éloigné que
lui. C'est un homme correct, qui ne se singularise
par aucun côté, et dont on pénètre vite les qualités supérieures quand on a l'honneur de l'approcher, et pourvu que son jugement, sûr et rapide,
ait compris la sincérité des intentions. Cependant
il faut le chercher si on veut le bien connaître, car
il ne se laisse pas lire à première vue. Ses sentiments sont profonds; sa vie, depuis l'exil, s'est
toujours écoulée dans le calme; c'est un homme
doux, concentré, recueilli, religieux; et son honnêteté, qui a la profondeur et la ténacité d'un
Alceste, n'en a jamais les éclats.

Le duc fuirait les hautes responsabilités, et surtout, je crois, la responsabilité politique; la seule qu'il accepterait, c'est celle qu'on assume sur un champ de bataille, devant l'ennemi. Là, il devient grand et noble, et sa réserve se change en un inaltérable sang-froid. De très-haute taille, élégant, élancé, d'un aspect de physionomie qui rappelle le roi Henri IV, ce prince, qui s'efface, est regardé comme un général de cavalerie consommé, qui saurait faire mouvoir de grandes masses montées.

Il est peut-être un des plus extraordinaires exemples de mémoire qu'on puisse citer. Encore aujourd'hui, il reste un annuaire vivant de toute la cavalerie française. Il a suivi de loin, dans sa retraite, la carrière de tous ceux qu'il a connus lorsqu'il servait la France. Celui-ci était sous-lieutenant, le voilà colonel; cet autre était chef d'escadron, le voilà général. Il les voit au rang qu'ils occupent dans l'armée, connaît leurs états de service, leurs qualités, leurs aptitudes spéciales; et son œil, qui devrait être dépaysé cependant par vingt ans d'exil, reconnaît aujourd'hui à première vue, sous l'uniforme du général, un porte-fanion des guerres d'Afrique.

C'est, paraît-il, le jugement le plus droit, le plus sûr, le plus calme auquel on puisse avoir recours.

« J'aime Nemours encore plus qu'un frère, disait le duc d'Orléans ; j'ai plus de confiance en son jugement qu'au mien. » Dans la famille on subit cette salutaire influence, on la sollicite ; et ce désintéressement a son prix et devient d'un grand secours dans les circonstances difficiles. Ce parti pris de ne jamais empiéter sur le rôle des autres, et cette excessive réserve doublée d'une honnêteté proverbiale et pour ainsi dire silencieusement farouche, ont peut-être contribué à répandre cette opinion, qui n'est nullement juste, que le duc de Nemours se tenait volontairement à l'écart. Il est des natures contemplatives qui n'acceptent la lutte que par un sentiment profond du devoir, et qui ne courent jamais d'elles-mêmes au-devant des responsabilités qui ne s'imposent point.

Sous la monarchie de Juillet le duc de Nemours n'était pas populaire, et on l'accusait généralement de hauteur, quoique ceux qui le voyaient de près alors aient souvent protesté contre cette accusation. La vérité s'est fait jour dans l'exil, où les hommes s'apprécient mieux, et on reconnaît qu'il serait difficile de trouver une nature plus bienveillante que celle du second fils de Louis-Philippe. La bonté du duc, quand on la connaît, a même quelque chose de touchant et de noble, qui inspire à la fois la sympathie et le respect. Mais, avec toutes les qualités du cœur et quelques-uns des dons les plus solides de l'esprit, le duc a un défaut sur lequel il faut insister, car c'est le plus fatal de tous peut-être pour l'homme que sa naissance ou les événements ont jeté dans la vie politique : il est modeste et timide; mais modeste à l'excès, modeste jusqu'à ce point où, sans cesser d'être une vertu, la modestie devient presque une faiblesse.

Si vous êtes un simple particulier et si vous ne voulez pas cesser de l'être, soyez modeste, c'est votre droit : le monde passe à côté de vous, il ne soupçonne pas ce que vous valez. C'est une force qui se perd sans doute, mais vous ne souffrez pas de votre modestie qui vous est chère, et elle ne devient pas pour vous une source de malheurs. Vous laissez les esprits plus remuants et les caractères plus entreprenants se disputer les emplois publics, les faveurs de la fortune, les bonnes grâces du pouvoir ou celles de la foule : que vous importe? Ce n'est pas là ce que vous cherchez : ce n'est pas pour vous le but et le prix de la vie.

Mais si vous êtes né sur les marches d'un trône; si vous avez été jeté par la Providence ou par le hasard au milieu de la mêlée des partis et que vous ayez le malheur d'être né trop modeste, traitez cette disposition d'esprit héroïquement, comme on traite une maladie, et guérissez-vous à tout prix.

Songez-y donc. C'est à peine si le monde consent à voir les qualités qu'on lui montre. Comment voulez-vous qu'il devine celles qu'on tente de lui cacher? Joignez à cela que rien, chez un homme placé dans une situation élevée, ne ressemble plus à l'extrême orgueil que l'extrême modestie.

Êtes-vous prince, ministre? Tous ceux qui vous entourent attendent un mot de vous pour vous parler, un geste de vous pour vous approcher. Si ce geste tarde trop, si le mot ne vient pas assez vite, croyez-vous qu'on mette votre réserve sur le compte d'une excessive modestie? Vous connaîtriez bien mal le monde et ses jugements. Vous craignez d'aborder les autres : on croira que vous leur défendez de vous approcher. Vous gardez le silence : on s'imaginera que vous l'imposez; tout ce qui sera l'effet du peu de confiance que vous avez en vous-même sera imputé au peu d'estime qu'on vous supposera pour autrui; et plus vous voudrez vous effacer, plus on se persuadera que vous prétendez vous placer au-dessus de ceux qui vous entourent.

Né en 1814 au Palais-Royal, le duc de Nemours

avait seize ans lorsque la révolution de Juillet mit
son père sur le trône. Les devoirs sérieux allaient
commencer pour lui et pour son frère aîné, le duc
d'Orléans, âgé déjà de vingt ans. Il leur fallut
d'abord payer de leur personne dans l'expédition
de Belgique ; c'était là, pour les deux jeunes princes,
la partie la plus facile de leur tâche ; car il y a ceci
de caractéristique dans la famille d'Orléans, que si
elle aime la paix par raison et par préférence ré-
fléchie, elle est par tempérament et par inclination
la plus belliqueuse peut-être de toutes les races
princières. « Tous les hommes y sont braves »,
disait M. Dufaure dans un plaidoyer célèbre. Sir
Robert Peel avait dit avant lui, en portant un toast
au Roi : « Au Français privilégié dont tous les fils
sont braves et dont toutes les filles sont vertueuses. »
Braves, ce n'est pas assez dire : on citerait difficilement un seul de ces princes qui n'ait cherché,
poursuivi, saisi avec ardeur toutes les occasions
de se risquer comme le sous-lieutenant le plus
aventureux.

L'événement principal de la guerre de Belgique
fut le siége d'Anvers ; il y avait là surtout des fatigues à supporter et des périls obscurs à courir dans
les tranchées. Les deux jeunes princes aînés firent
honneur à cette épreuve, et n'en tirèrent pas

vanité. Ils souhaitaient, du reste, quelque chose de mieux.

L'Algérie, dont la conquête se poursuivait au milieu d'incidents plus variés, offrait des occasions plus favorables à des jeunes gens désireux, comme l'étaient les fils de Louis-Philippe, de faire honneur à leur famille et à leur pays. Le duc d'Orléans partit le premier pour l'Afrique, prit part à l'expédition de Mascara, et reçut une balle au combat de l'Habrah.

L'année suivante, en 1836, ce fut le tour de son frère. On venait d'organiser une expédition contre Constantine, et on s'était fait des illusions sur les difficultés de l'entreprise. En arrivant devant la ville, le maréchal Clausel, qui commandait, reconnut l'impossibilité de l'enlever par un coup de main; il eut un bon sens et, on peut le dire, un courage assez rares : il ordonna la retraite. Par là, il évita que l'échec qu'on venait de subir ne se changeât en désastre. Il fallut revenir, harcelé par les Arabes et cruellement éprouvé par la rigueur imprévue de l'hiver. C'est là que le colonel Changarnier, dans une circonstance critique, sauva l'armée par son courage et sa présence d'esprit. Le duc de Nemours, qui faisait partie de l'expédition, apprenait la guerre à une bonne et rude école.

Mais il ne fallait pas rester sur cet échec : une nouvelle expédition se prépara; et cette fois avec des forces suffisantes; toutes les dispositions avaient été prises pour assurer le succès. Le duc de Nemours commandait l'une des trois brigades, celle qui eut à faire la plus grande partie de la besogne. Le siége ne fut pas long, mais il fut meurtrier; le général Damrémont fut tué; le chef d'état-major Perrégaux succomba après le siége aux suites de la blessure qu'il avait reçue. Le colonel Combes, placé sous les ordres du duc de Nemours, tomba mort en montant à l'assaut; La Moricière lui-même faillit rester sur la crête. Tout le monde fit plus que son devoir, à commencer par le jeune prince, nuit et jour sur pied, encourageant sans cesse les troupes de siége par sa présence, et paraissant diminuer leurs fatigues et leurs dangers par cela seul qu'il les partageait avec elles.

Au retour, le duc de Nemours réclama la mission de commander l'arrière-garde. Tout vainqueurs que nous étions, nous eûmes à supporter presque autant d'épreuves que pendant la retraite de l'année précédente. Le choléra s'était mis dans l'armée, les hommes tombaient le long de la route. Sans ostentation, simplement, chrétiennement, le duc de Nemours s'occupa des ambulances, veillant à ce qu'on ne négligeât pas un seul de ces malheureux malades, aidant à les mettre sur les cacolets, sans souci de lui-même, uniquement occupé des souffrances et des dangers de ses soldats. Personne, à ce moment, n'aurait songé à l'accuser de hauteur.

Après la prise de Constantine, le duc de Nemours, aurait certainement dû devenir populaire. Il n'aurait eu qu'à laisser faire. A Marseille, à Lyon, dans toute la vallée du Rhône, on l'attendait pour lui faire des ovations. Mais il avait l'horreur de la mise en scène; pour le décider à recevoir les félicitations publiques qu'il avait méritées, il aurait fallu lui prouver qu'il y avait là un intérêt, non pas pour lui, mais pour la dynastie et pour le pays. Le prince de Joinville, son frère, qui venait d'entrer dans la marine, était venu le rejoindre devant Constantine; il le décida à revenir avec lui, en faisant le grand tour par le détroit de Gibraltar et l'océan Atlantique. Ils s'embarquèrent ensemble sur un bateau à vapeur. Le duc de Nemours se cassa le bras sur le pont du bâtiment, de telle sorte qu'il fut obligé de remonter la Seine en bateau et de venir débarquer aux Tuileries.

La mauvaise chance commençait à le poursuivre; il devint, bien innocemment, l'occasion d'une crise ministérielle. Sur le point de faire un mariage à tous égards satisfaisant, en épousant une princesse de Saxe-Cobourg, dont la grâce et la douceur devaient faire son bonheur pendant les dernières années de la monarchie de Juillet, et sa consolation pendant les tristes jours de l'exil, on avait demandé pour lui une dotation de cinq cent mille francs, que la Chambre refusa après des débats pénibles. Le ministère Soult dut se retirer à la suite de cet échec. Mais ce qui était plus grave que la chute d'un cabinet, c'était l'espèce de discrédit que cette discussion tendait à jeter sur la famille royale. Le roi Louis-Philippe ressentit vivement le procédé, et l'âme délicate et fière du duc de Nemours ne pouvait manquer d'être froissée par les incidents de cette regrettable discussion.

Le prince, marié désormais, jouissait de son bonheur domestique depuis près de deux ans, lorsque survint le plus terrible et le plus irréparable des grands deuils qui devaient frapper la maison d'Orléans. L'aîné des fils du Roi, celui qui eût sauvé la monarchie constitutionnelle, si elle pouvait être sauvée, venait d'être enlevé par un inexplicable arrêt de la Providence. Le duc de Nemours, devant le tombeau de ce frère adoré, ne songeait pas encore qu'une vie nouvelle allait commencer pour lui, lorsqu'un serviteur ou plutôt un ami de

sa famille le rappela à lui-même en lui disant :
« Monseigneur, maintenant il faut vous retourner
comme un gant, et montrer en dehors tout ce que
vous avez en dedans. »

Se retourner comme un gant, c'était justement
là ce que le prince n'était point disposé à faire.
Content du second rôle, il ne s'était jamais préparé
au premier. Son frère, depuis plusieurs années
déjà, trouvait en lui non-seulement son ami le plus
sûr, mais son conseiller le plus écouté et le plus
recherché. Toutes les fois qu'il y avait dans la
famille une grave résolution à prendre, le duc
d'Orléans ne manquait pas de dire : « Consultons
Nemours »; et ce n'était pas là chez son frère aîné
une parole banale. Dans son testament, dans cette
pièce si remarquable par la justesse des vues et
par une sorte de divination de l'avenir, il a consigné
le témoignage irrécusable de la confiance que lui
inspiraient la raison supérieure et le caractère che-
valeresque de son frère.

Le duc de Nemours était donc l'homme des bons
conseils, des avis sages et réfléchis. C'était en
même temps, par son courage et par son sang-
froid, un homme d'exécution d'une rare valeur;
mais, somme toute, un militaire plutôt qu'un politique. Sur le champ de bataille, s'il avait eu la

bonne fortune de diriger de grandes opérations, il aurait su prendre les plus promptes et les meilleures résolutions ; en politique, il lui fallait un peu de temps pour réfléchir. L'excès même de son honnêteté et la délicatesse de ses scrupules retardaient ses décisions. Il était de ceux qui pensent, non sans quelque raison peut-être, qu'il est parfois plus difficile de connaître son devoir que de le remplir.

Quel était son devoir le 24 février ? Il n'en vit qu'un, et il s'en acquitta jusqu'au bout avec une rare abnégation. S'effacer devant tout le monde, s'exposer pour tout le monde, protéger le départ du Roi et de la Reine, accompagner la duchesse d'Orléans et ses fils à la Chambre des députés pour les défendre et les couvrir au besoin de son corps : tel est le rôle que sa conscience lui traça dans ces tristes circonstances. En avait-il un autre à prendre ? Comme militaire, il n'était chargé d'aucun commandement : entre le général Sébastiani et le général Jacqueminot, il avait une situation mal définie et embarrassante pour tout le monde. Comme l'aîné des fils survivants du Roi, il était appelé par la loi à prendre la régence à l'heure où l'abdication fut signée. Mais qui pensait à la loi en ce moment ? Où étaient les éléments d'un gouvernement ? Il n'en subsistait plus aucun. Le premier devoir était de protéger les personnes royales contre le flot envahissant de la révolte armée, qui montait rapidement. Le duc de Nemours se rendit donc en avant du palais des Tuileries, et disposa pour la défense les troupes qui se trouvaient près de là. Il prit celles des dispositions qui étaient encore possibles pour assurer le départ du Roi et de la Reine, pour protéger la duchesse d'Orléans et ses fils, qui étaient restés au palais.

Fidèles à leur devoir, les troupes accomplirent fermement cette mission. Elles tinrent l'émeute à distance, pendant que la duchesse d'Orléans se dirigeait à pied, avec ses deux fils, par le jardin. Resté le dernier aux Tuileries, le duc de Nemours ne les quitta qu'après avoir organisé l'arrière-garde ; puis il se dirigea à son tour vers le jardin et rejoignit sa belle-sœur auprès du bassin octogone. La duchesse se rendait à la Chambre pour présenter ses deux fils aux députés. Le duc de Nemours n'était pas d'avis de faire cette démarche ; il conseillait à la duchesse de se retirer tout de suite à Saint-Cloud, et de là, s'il le fallait, au Mont-Valérien. C'était le conseil d'un stratégiste. Ce conseil aurait il mieux réussi que celui des hommes politiques ? Nul ne peut l'affirmer.

Au moment où le prince conseillait cette résolution, on pouvait encore s'y conformer. Il avait une
batterie d'artillerie montée, dont les attelages pouvaient rapidement mener la duchesse et ses fils à
Saint-Cloud. L'infanterie fidèle et en quantité suf-
fisante pourrait protéger cette retraite. Plus tard,
il n'y fallut plus songer; les événements avaient
marché; la démarche auprès de la Chambre des
députés n'avait pas réussi; et le Palais-Bourbon
ayant été envahi par la foule, le duc de Nemours
avait été violemment séparé de sa belle-sœur et de
ses neveux. Il retrouva la duchesse d'Orléans et le
comte de Paris à l'hôtel des Invalides, où quelques
amis fidèles les avaient conduits, tandis que le duc
de Chartres était entraîné d'un autre côté. Là on
délibéra une dernière fois; mais l'heure des résolutions politiques était passée; il ne fallait plus se
préoccuper que d'une chose : mettre la duchesse
d'Orléans et ses fils en sûreté, en attendant qu'on
pût les faire partir pour l'étranger. Le duc de
Nemours s'y employa encore, et, quand il eut assuré
le départ de tous les membres de sa famille, il se
trouva exposé à ne plus pouvoir partir lui-même,
car il eut grand'peine à se procurer un passe-port
et dut rester caché pendant quelques jours. Enfin il
arriva sain et sauf en Angleterre.

Là il était certain d'avance d'être bien accueilli. Non-seulement il avait sa part de la sympathie générale que l'on montrait à sa famille, mais il se trouvait, par son mariage, allié à la reine Victoria et au prince Albert, et l'on sait combien la reine Victoria a toujours montré d'attachement pour tout ce qui tient à sa famille. Elle traita donc le duc de Nemours avec des égards tout particuliers, surtout quand elle fut à même d'apprécier tout ce qu'il y avait en lui de délicatesse de cœur et d'élévation de caractère.

Les deuils se succédaient pour la famille d'Orléans. La mort du Roi, pour être prévue, n'en fut pas moins douloureuse ; mais la perte de la duchesse de Nemours, par sa soudaineté, fut véritablement un coup de foudre. Elle venait de mettre au monde, le 28 octobre 1857, son dernier enfant, la princesse Blanche d'Orléans. Les couches s'étaient heureusement passées, et le quatorzième jour était arrivé. Le lendemain on lui aurait permis de se lever pour s'étendre sur sa chaise longue. La duchesse était assise dans son lit et portait les mains à sa tête pour disposer sa magnifique chevelure, quand tout à coup elle se renversa en poussant un soupir. Elle était morte !

« La mort, — écrivit alors la duchesse d'Orléans,

— s'est présentée au milieu de nous avec toute sa solennité exempte d'horreur. Le passage d'une vie à une autre a été saisissant ; jamais la transition n'a été aussi prompte, jamais la vie ne nous est apparue sous un aspect plus éphémère..... »

Le duc de Nemours, qui se trouvait chez sa mère, est appelé en toute hâte. Il accourt et ne veut pas croire au malheur qui le frappe. La Reine essaye, sinon de le consoler, du moins de lui donner du courage : « Je veux la remplacer auprès de toi, disait-elle à son fils ; tes enfants seront les miens ; tout ce que tu voudras, je le ferai ; j'irai partout où tu iras[1]. » Tout affaiblie qu'elle fût par l'âge et par les épreuves de tout genre, elle avait encore près de dix années d'existence et de dévouement à consacrer à sa famille. Et pendant dix ans elle se consacra à cette tâche ; elle ne s'éteignit qu'en 1866. Sa mort, qui fut celle d'une sainte, a été souvent racontée. Son second fils Nemours fut le compagnon le plus dévoué de ses derniers jours, le témoin le plus pieux de sa dernière heure.

Après tant de tristesses, de grandes consolations étaient cependant réservées au duc de Nemours. Il a vécu recueilli dans l'exil, et pendant que ses frères

[1] *Vie de Marie-Amélie,* par M. Auguste Trognon. Michel Lévy, 1871.

MARGUERITE-ADÉLAÏDE-MARIE

PRINCESSE D'ORLÉANS

et ses neveux parcouraient le monde, il fut le plus
assidu auprès du Roi et de la Reine. Aujourd'hui il
se voit revivre dans deux fils accomplis et qui ont
déjà prouvé ce qu'ils valent par eux-mêmes.

Le comte d'Eu et le duc d'Alençon, avec toutes
les qualités solides de leur père, ont de plus que
lui l'initiative, un entrain et une vivacité qui font
qu'on n'est pas seulement digne de réussir, mais
qu'on réussit.

La fille du duc, la princesse *Marguerite*-Adélaïde-
Marie, née en 1846, a épousé, le 15 janvier 1872,
le prince Ladislas Czartoryski, héritier d'un nom
universellement respecté, illustre par la naissance
et par toute une tradition d'honneur et de dévouement.

LOUIS-PHILIPPE-MARIE-FERDINAND-GASTON

COMTE D'EU

COMTE D'EU.

Le comte d'Eu, fils aîné du duc de Nemours, est né le 28 avril 1842. Lorsque l'éducation du jeune prince fut terminée, il fallut chercher en quel point de l'Europe et à quelle école il pourrait apprendre le métier des armes. L'Italie, engagée à cette époque dans les aventures qui ont abouti à l'unité, offrait bien des inconvénients. L'Autriche allait combattre contre nous; la Prusse était hors de cause.

La guerre n'était nullement dans les prévisions de la politique espagnole, et surtout une guerre sur de vastes champs de bataille, là où un homme de cœur et de mérite peut montrer ce qu'il vaut. Cependant les circonstances allaient heureusement servir le duc de Nemours, et donner à son fils l'occasion d'apprendre la pratique de la guerre avant même d'en connaître la théorie.

A la suite d'empiétements successifs sur les possessions espagnoles au Maroc, du côté de

Melilla et de Ceuta, les populations d'Anghera avaient détruit les travaux que la garnison avait faits pour abriter les détachements chargés de surveiller les frontières. Un matin on trouva, gisant sur le sol, la borne aux armes d'Espagne qui indiquait la délimitation. La guerre fut résolue; elle fut même acceptée avec reconnaissance par le ministre de l'Union libérale. L'enthousiasme fut énorme; quatre corps d'armée opérèrent leur débarquement, et la campagne, menée très-habilement et très-prudemment par O'Donnell, qui avait une véritable valeur militaire et le plus rare sang-froid, dura depuis le mois de novembre 1859 jusqu'au 23 mars 1860.

Nous eûmes nous-même la bonne fortune de suivre cette guerre rude et sanglante, comme attaché au quartier général du commandant en chef. Il y eut pendant ces cinq mois de luttes, de souffrances et d'intempéries, huit grandes batailles : Serallo, Sierra-Bullones, Guad-el-Jelu, Los Castillejos, Cabo-Negro, Samsa et Vad-Ras, et trois combats qui prirent les noms de Torre-Martin, Azmir, Keleli. Un matin, à notre réveil dans le camp, on nous annonça que le jeune comte d'Eu, sous-lieutenant des hussards de la Princesse et désigné comme officier d'ordonnance du maréchal

O'Donnell, venait de débarquer sur la plage ; il était suivi de M. de Velarde, aide de camp du duc de Montpensier. Nous ne pouvions rester indifférent à l'arrivée d'un tel compagnon d'armes, Français comme nous et exilé de sa patrie.

Au premier bruit de la déclaration de guerre, le comte d'Eu avait demandé à la Reine Isabelle l'autorisation d'entrer au service de l'Espagne. La Reine répondit à cette demande du Prince par l'envoi d'un brevet de sous-lieutenant au régiment des hussards de la Princesse, détaché dans l'état-major du commandant en chef.

Le comte, aujourd'hui général en chef des troupes brésiliennes, et dont la physionomie, bronzée par le soleil du Paraguay, est devenue celle d'un rude soldat, était alors un grand jeune homme blond, blanc et rose, très-mince, presque un enfant, qui avait toute la timidité de son père et qui rougissait à toute nouvelle présentation. Sa figure rappelait à s'y méprendre telle ou telle physionomie des jeunes princes de la Maison de Bourbon, de ceux qui, à Versailles, figurent dans les fonds des tableaux de famille du dix-huitième siècle. Mais cet enfant avait le cœur d'un homme et l'allait montrer dès le premier jour.

C'était le 23 janvier, jour de San-Ildefonse ; une

guerrilla détachée d'une division récemment arrivée d'Espagne avait franchi un marais devant
Tétouan, et, s'avançant imprudemment contre
un ennemi trop nombreux, allait être enveloppée.
Un bataillon lancé à son secours avait à son tour
passé le marais pour la dégager, et la cavalerie
maure s'efforçait d'entourer ces troupes isolées
du gros de l'armée par les marécages. Cantabria
(c'était le nom du bataillon) avait formé le carré,
et, son chef au centre, luttait contre les cavaliers
maures. O'Donnell donna l'ordre au général Ga-
liano de réunir tous ses chevaux, de se faire ap-
puyer par de l'artillerie et de se lancer dans le
marais, coûte que coûte, afin de sauver le bataillon.

Au moment où les escadrons des lanciers de
Farnèse passaient à fond de train devant notre
quartier général qui présidait au mouvement, un
jeune officier des hussards de la Princesse, à sa
place dans le rang, quitta son poste, et, s'incor-
porant, suivit Farnèse et chargea bravement l'ennemi. Les escadrons disparurent dans la fumée, et
l'épisode, au milieu du désordre général, passa
d'abord inaperçu. Mais, Cantabria dégagé, le
maréchal de camp qui commandait la cavalerie
constata dans les rangs la présence d'un officier

étranger au corps. Il apprit que ce jeune homme n'était autre que le comte d'Eu, et le vint présenter au maréchal O'Donnell.

C'était le baptême du feu de ce prince de dix-sept ans. Pendant qu'on opérait la retraite, au moment où les généraux des différents corps d'armée faisaient leur rapport sommaire tout en suivant le mouvement, le maréchal fit faire halte, et donna l'ordre d'appeler son officier d'ordonnance.

Le lieutenant s'avança, la main au schako, ému et rougissant, et, se mettant en position, salua le général en chef.

« Monseigneur, lui dit O'Donnell, vous avez reçu sous mes ordres le baptême du feu, j'en suis fier ; vous avez fait vos premières armes avec la bravoure habituelle à ceux qui s'appellent les « d'Orléans ». Je vous nomme, au nom de la Reine, chevalier de l'ordre militaire de San Fernando. »

Le duc de Nemours était venu conduire lui-même son fils à l'armée. Pendant la campagne, il resta installé à Cadix, suivant, avec une sollicitude que l'on comprendra sans peine, la marche de l'armée espagnole et les débuts militaires de son fils.

Voici une lettre de lui, dans laquelle se reflètent ses sollicitudes paternelles en même temps que son légitime orgueil. Cette lettre, ainsi que toutes les pièces qui se rapportent à la biographie du duc de Nemours et de ses fils, nous a été communiquée par un des plus respectables et des plus fidèles serviteurs de la famille d'Orléans, par le général Dumas.

« Cadix, fonda de Blanco, 28 janvier 1860.

» Depuis longtemps déjà, mon cher général, j'aurais voulu vous remercier de votre bonne lettre du 11, car j'ai été bien touché de l'intérêt qu'a excité chez vous et chez nos amis la durée inusitée de notre traversée. Vous en aurez eu les détails à Claremont, par nos lettres de Vigo..... Depuis lors, j'ai eu le chagrin de me séparer de Gaston [1], mais aussi la joie de voir qu'il avait promptement et heureusement débuté dans la carrière des armes.

» Comme soldat, comme père et comme ami, vous vous serez associé à ma joie autant que personne, je le sais. J'ai envoyé hier un récit en espagnol de cette première affaire à laquelle mon fils a assisté, et j'ai pensé que vous seriez employé

____
[1] Le comte d'Eu.

comme interprète pour sa lecture. Il paraît que la charge de la cavalerie a été brillante et l'action assez vive, puisque je vois, par un récit d'aujourd'hui, qu'un escadron a eu deux tués, dont un lieutenant, et six blessés. *Still harder sport than hare hunting* [1].

» Jusqu'à avant-hier, il n'y a rien eu de nouveau au camp. On s'y fortifie et on s'y approvisionne. Les difficultés de transport, toujours des plus grandes dans cette sorte de guerre, et auxquelles les Espagnols n'étaient pas préparés, retarderont beaucoup, je le crains, l'attaque de Tétouan. L'armée n'ayant pas eu jusqu'ici de convoi organisé, il faut en créer un, maintenant qu'on va opérer à quelque distance de la côte, et il faut établir une voie de communication avec la mer pour les moyens de transport qu'on aura, et pour la grosse artillerie qu'on veut avoir devant Tétouan. Pour cela, on n'a rien trouvé de mieux que de construire un chemin de fer, que déjà on a commencé à expédier d'ici avant-hier. On espère en avoir neuf kilomètres dans peu de jours : cela doit faire franchir les principales difficultés. Mais ces retards sont certainement un encouragement pour les Arabes

[1] C'est un exercice plus rude que de chasser le lièvre à courre.

(ou *Moros,* comme on dit ici), et cela rendra leur résistance d'autant plus vive. Du reste, l'armée espagnole paraît très en train et se bat résolûment. Je lui souhaite une complète et *prompte* victoire.

» Si mes pensées sont partagées entre la Grande-Bretagne et l'Afrique, j'ai heureusement aussi de bonnes nouvelles de la première, et je sais que vous faites bonne garde auprès de la Reine.

» Votre bien affectionné de tout mon cœur. »

Cette rude campagne du Maroc fut une excellente école pour le comte d'Eu. Il n'y montra pas seulement la bravoure héréditaire de sa famille; il y acquit ce sang-froid et ce coup d'œil qui distinguaient son père sur le terrain, qualités que le duc de Nemours n'a jamais eu l'occasion d'utiliser dans une grande guerre, mais dont le comte d'Eu devait être appelé plus tard à faire usage dans le nouveau monde.

Là se place dans la vie du comte d'Eu une épreuve que, pour notre part, nous regardons comme assez difficile : c'est celle par laquelle passent en ce moment tous les sous-lieutenants élèves de Saint-Cyr, de l'École polytechnique et de l'École d'état-major. Après avoir fait la guerre et appris la pratique en plein champ de bataille, dans cette vie qui a son ivresse et dont nous ne pouvons nous

souvenir sans que notre cœur batte et sans que
notre main tremble; dans cette grande vie à l'air
libre, avec les alternatives de la guerre, les souffrances de toute sorte, les joies de la victoire et les
tristesses de la retraite, il fallut que le jeune prince
rentrât prosaïquement à l'école, faire le classique
topo et tracer des x sur le tableau noir.

Il existe en Espagne une école spéciale d'artillerie établie depuis plus d'un siècle à Ségovie. Les
études y sont sérieuses et la discipline y est sévère.
Les cours embrassent à la fois ceux de notre École
polytechnique et de notre École d'application de
l'artillerie. On y entre et l'on en sort par voie de
concours. Après la guerre du Maroc, le duc de Nemours obtint de la Reine l'autorisation de faire
entrer son fils à cette École. Le jeune comte d'Eu,
par une fortune assez rare chez un officier, avait
commencé l'étude des armes par la pratique de la
guerre, et le calme de la salle d'étude allait succéder pour lui aux clameurs des champs de bataille.

La vie d'aventure était aussi finie pour nous; et
comme nous rentrions lentement et à regret en
France, nous nous arrêtâmes à Ségovie. Les travaux des Romains, les étonnantes fantaisies de l'architecture mauresque nous y appelaient; et, en
visitant l'École, — un très-curieux monument, dé-

truit depuis par l'incendie, — nous apprîmes par hasard que l'ex-officier d'ordonnance du maréchal O'Donnell était devenu l'un des élèves.

Le soir même, après nous avoir fait traverser d'énormes salles d'un aspect pittoresque, un de ces grands logis castillans, solennellement déserts, où celui qui s'arrête pour un instant se sent bien étranger, on nous introduisit auprès du jeune chevalier. Celui-ci, avec une soumission et une raison que nous ne pûmes nous empêcher d'admirer, était penché sur un livre de mathématiques.

C'est là un petit tableau d'intérieur qui se fixe dans la mémoire d'un peintre comme l'image dans la chambre noire; et les artistes me comprendront. Je revois ces grandes salles lugubres, d'un effet rembranesque, et tout au fond, à une table, solitaire et recueilli, le prince, le jeune officier des hussards de la Princesse redevenu écolier, courbé sur ses livres, et faiblement éclairé par un pâle rayon, comme les liseurs du grand maître.

L'ambition du comte était de sortir avec le numéro un de l'école de Ségovie; il s'en fallut de peu qu'il n'eût cette bonne fortune. Il y avait parmi ses camarades, dans sa *promotion*, pour employer le terme consacré, un élève exceptionnellement remarquable, fils d'un officier supérieur de l'armée

espagnole, et animé, lui aussi, du désir de faire
honneur à son père et à ses maîtres. La lutte fut
chaude : on sait ce que sont ces rivalités généreuses de collége ou d'école ; le fils du vieil officier
l'emporta sur le prince, car les juges du concours
n'étaient point des courtisans : c'étaient d'honnêtes
savants et de braves officiers. Le comte d'Eu sortit
donc le second de l'École, et son heureux concur-
rent le premier : tous deux presque *ex æquo* du
reste, et tous deux avec une avance énorme sur
leurs camarades.

Le moment était venu pour le duc de Nemours
de songer à l'établissement de son fils aîné. L'Empereur du Brésil avait deux filles à marier : l'une,
l'aînée, était appelée, d'après la loi en usage, à
hériter un jour du trône. Chef du seul gouvernement héréditaire qu'il y ait au nouveau monde,
dom Pedro ne pouvait guère chercher qu'en Europe
des maris pour les deux princesses. On songea au
comte d'Eu et à un prince de Saxe-Cobourg, son
cousin germain, et on les invita tous deux à faire
ensemble un voyage au Brésil. Les choses n'étaient
point réglées d'avance, comme elles le sont trop
souvent dans les mariages princiers. L'empereur
dom Pedro s'était réservé de prendre sa décision

après avoir vu les jeunes princes. Cette rencontre fut à l'honneur des deux jeunes hommes. L'Empereur donna sa fille aînée au comte d'Eu, et le prince de Saxe-Cobourg épousa la seconde.

La situation nouvelle du comte d'Eu, destiné à partager un jour avec sa femme le trône du Brésil, était assez délicate. Le gouvernement français d'alors (c'était l'Empire) n'avait pas vu ce mariage d'un bon œil; son mécontentement se serait accru si le gendre de l'Empereur avait paru prendre trop d'influence à la cour du Brésil. Il fallut tout le tact et toute la raison précoce du jeune prince pour ne blesser aucune des convenances de sa situation et ne soulever aucune susceptibilité. Il sut s'effacer en politique; la réserve, ici, devenait de la sagesse, et la modestie de l'habileté.

Une seule circonstance, la guerre, pouvait mettre ses facultés en lumière, et la fortune, qui semblait vouloir s'acquitter envers lui de la dette qu'elle avait contractée envers son père, lui fournit l'occasion qu'il n'avait point cherchée. Les longues querelles entre le Paraguay et les pays voisins avaient fini par aboutir à une lutte armée. Une coalition s'était formée entre le Brésil et les républiques de la Plata pour en finir avec les empiétements des Paraguayens et la politique envahissante et tracassière de Lopez. Ce dernier, au surplus, avait pris l'offensive; une partie du territoire brésilien avait même été envahie. L'Empereur du Brésil prit lui-même le commandement des troupes coalisées. Le comte d'Eu accompagna son beau-père dans cette expédition, mais elle fut de courte durée.

L'invasion s'éloigna bientôt du territoire brésilien pour se porter sur celui de l'Uruguay. Comme il avait été convenu que le commandement des forces combinées appartiendrait toujours au chef de l'État dont le territoire serait envahi, ce fut le président de l'Uruguay qui prit le commandement. L'Empereur du Brésil, qui ne peut sortir du territoire de l'Empire que s'il y est autorisé par une loi spéciale, rentra dans sa capitale.

La guerre se poursuivit alors avec des chances diverses. Les alliés, qui avaient pour eux la supériorité du nombre, manquaient d'une bonne direction militaire; ce défaut devint plus sensible encore lorsqu'il s'agit de porter la lutte sur le territoire du Paraguay. Le pays était d'un abord difficile; là population valide s'était levée tout entière, et, dirigée par une main rude, elle se défendait avec une énergie désespérée. Pour mener à bonne fin cette expédition difficile, il fallait une direction unique, intelligente et ferme. Les généraux alliés, eux, s'épuisaient en délibérations, en discussions qui n'aboutissaient point, et on les avait déjà changés plus d'une fois. Aucun d'eux d'ailleurs n'avait l'autorité nécessaire pour mettre un terme à ces petites querelles, et pour donner enfin à la guerre une impulsion vigoureuse.

Dans ces circonstances, l'opinion publique devait naturellement se tourner vers un prince plein de jeunesse et d'ardeur, qui ayant fait en Europe ses études militaires avec une distinction connue de tout le monde, s'était vaillamment conduit dans la campagne du Maroc, et avait déjà l'art d'inspirer à tous ceux qui le voyaient autant de confiance dans son jugement que dans son courage. Toutefois les considérations politiques qui l'avaient tenu à l'écart de la politique lui fermèrent longtemps encore l'accès de l'armée. Enfin, la pression de l'opinion publique fut si forte, qu'elle triompha de tous les obstacles. Le comte d'Eu fut envoyé au Paraguay, non pour servir sous les ordres du général en chef, comme il l'avait plusieurs fois demandé, mais pour prendre lui-même le commandement de l'armée combinée.

Nous ne pouvons que jeter un rapide coup d'œil sur les grands faits de cette lutte entre le Brésil et le Paraguay, car nous ne devons la considérer

que comme un épisode important dans la carrière
militaire du comte d'Eu. Voici les traits principaux
de cette expédition.

Les incursions de Lopez dans le Brésil sont deve-
nues incessantes, une alliance est conclue entre le
Brésil, la Confédération Argentine et l'Uruguay. Au
début, Lopez attaque la province brésilienne de
Matto-Grosso, se répand dans la province argentine
de Corrientes; enfin, en 1865, il envahit l'Uruguay.

Il y a trois phases dans la guerre : la campagne,
purement défensive d'abord, est entreprise sous
les ordres de l'Empereur du Brésil, qui force une
colonne paraguayenne à se rendre prisonnière à
Uruguayana. Ensuite, selon le texte des traités, le
président Mitre prend le commandement et franchit
le Parana. Les combats sont indécis ; l'armée est
décimée par la maladie. Lopez se retranche de
ville en ville jusqu'en juillet 1867, où des renforts
considérables, reçus par l'armée confédérée, per-
mettent d'enlever Tuyucué.

En 1868, Mitre est rappelé à Buenos-Ayres par
la mort du vice-président; le maréchal Caxias lui
succède dans le commandement; on lance des ca-
nonnières dans la passe d'Humaïta et on s'empare
de la ville. En décembre, on prend l'Assomption ;
le maréchal Caxias rentre à Rio en février 1869.

En mars, la guerre recommence : c'est la troisième période. Cette fois c'est le comte d'Eu qui
reçoit le commandement en chef. Il arrive le 14 à
l'Assomption, et n'a d'abord qu'un souci, celui de
réorganiser l'armée.

Lopez, lui, a toujours une ressource dans la retraite derrière les défilés inaccessibles ; il s'abrite
dans le Cerro-Leon. Le comte d'Eu temporise, et
pendant quatre mois ne s'occupe que de l'instruction des troupes et de leur organisation. Le 2 août,
il se met enfin en marche, divisant sa petite armée
en deux colonnes, et plaçant l'une sous les ordres
du général Eustacio Mitre.

Le comte tourne par la droite les défilés du Cerro-
Leon et prend d'assaut Peribebuy. Osorio est blessé,
Barrero tué ; le jeune général en chef sort sain
et sauf d'une lutte dans laquelle ses propres soldats lui reprochent de s'exposer comme un sous-
lieutenant.

A la nouvelle de cet échec, Lopez se retire à
quatre-vingts kilomètres ; le comte d'Eu veut pro-
fiter de sa position ; il pousse en avant ; Peribebuy
enlevé le 12, on soutient le 16 un combat très-
meurtrier en avant de Caraguatay. Le 17, la colonne de Mitre est en vue ; le 18 et le 21 on livre
deux nouveaux combats, et l'ennemi est poursuivi

à outrance jusqu'à ce que l'armée se trouve arrêtée par des marais infranchissables. Lopez cependant, qui dans cette rude guerre a pour auxiliaires la configuration du pays, son difficile accès, les marécages qui lui font une défense naturelle et dont il connaît les passes, se retire à cent kilomètres au nord vers San-Estanislão.

Le comte d'Eu ne se laisse pas décourager; il prend une rapide résolution; change son plan de campagne, et vient s'établir à Rosario sur le Paraguay. Il part le 8 octobre et arrive le 14; Lopez n'accepte plus le combat; il se retire toujours; son camp est surpris; on s'empare de ses approvisionnements, de son matériel; cependant il échappe de sa personne, quoique la cavalerie brésilienne le poursuive jusqu'à cinquante kilomètres. La guerre a changé de face : elle était défensive, elle est maintenant offensive; et Lopez, pour échapper au danger qui le menace, fuit toujours vers le nord et se réfugie dans les forêts vierges. Le comte d'Eu ne se lasse pas. Malgré le manque de routes et l'extrême difficulté de pourvoir à la subsistance des troupes au milieu de ces vastes solitudes, il lance une multitude de colonnes à la poursuite de Lopez. L'une d'elles, enfin, le surprend dans son camp le 1er mars 1870; le dictateur y périt les armes à la main, de la lance d'un cavalier brésilien, et sa mort met fin à la guerre, qui avait duré près de cinq ans.

C'est au milieu de sa campagne contre le Paraguay que Gaston d'Orléans, prenant l'initiative d'une grande mission civilisatrice, écrivit au gouvernement provisoire du Paraguay la lettre suivante, qui entraîna le décret du 2 octobre, abolissant l'esclavage au Paraguay :

« *Aux membres du gouvernement provisoire du Paraguay.*

» 12 septembre 1869.

» MESSIEURS,

» Sur plusieurs points du territoire de cette république que j'ai déjà parcourus à la tête des forces brésiliennes en opération contre le dictateur Lopez, il m'est arrivé plusieurs fois de rencontrer des individus se disant esclaves des autres, et nombre d'entre eux se sont adressés à moi pour me demander de leur accorder la liberté et de leur fournir un véritable motif de s'associer à la joie qu'éprouve la nation paraguayenne en se voyant affranchie du gouvernement qui l'opprimait.

» Leur accorder l'objet de leur demande eût été pour moi une douce occasion de satisfaire les sentiments de mon cœur, si j'avais eu le pouvoir de le faire. Mais le gouvernement provisoire, — dont Vos Excellences sont chargées, — étant heureusement constitué, c'est à lui qu'il appartient de décider toutes les questions qui intéressent l'administration civile du pays. Je ne puis donc mieux agir que de m'adresser à vous, comme je le fais, pour appeler votre attention sur le sort de ces infortunés dans un moment où il n'est question que d'émancipation pour tout le Paraguay. Si vous leur accordez la liberté qu'ils demandent, vous romprez solennellement avec une institution *qui a été malheureusement léguée à plusieurs peuples de la libre Amérique par plusieurs siècles de despotisme et de déplorable ignorance.*

» En prenant cette résolution, qui influera peu sur la production et les ressources matérielles de ce pays, Vos Excellences inaugureront dignement un gouvernement destiné à réparer tous les maux qu'a causés une longue tyrannie, et à conduire la nation paraguayenne dans les voies de cette civilisation qui entraîne les autres peuples du monde.

» Que Dieu vous garde.

» GASTON D'ORLÉANS. »

On voit que la part que le comte d'Eu a prise

à cette guerre est considérable. S'il a fait preuve d'une véritable capacité militaire, et si le sous-lieutenant des hussards de la Princesse a montré qu'il était devenu un général en chef, il faut aussi lui tenir compte d'un tact parfait dans une situation difficile, ou tout au moins très-délicate. Les circonstances avaient fait au comte d'Eu une position très en vue, dans un pays où le souverain, comme nous venons d'être à même d'en juger, est un homme d'une valeur réelle, d'une connaissance vaste, et d'une rare distinction à tous les points de vue : il fallait rester à son rang sans donner de l'ombrage à qui que ce fût, et la position nouvelle de mari de la Régente n'était pas faite pour aplanir les difficultés de la situation.

Le comte d'Eu est sorti à son honneur de toutes ces épreuves ; il a été mêlé aux destinées du Brésil, et a pu s'associer aux deux grands faits du règne de dom Pedro : la guerre contre le Paraguay et l'abolition de l'esclavage.

Dès que l'état du pays le lui a permis, le comte est venu en France ; mais déjà la guerre était terminée. Il entra dans Paris le 18 mars même : il n'y avait pas de place à prendre pour les princes dans cette nouvelle épreuve, plus cruelle que toutes les autres. Le comte d'Eu repartit pour le Brésil,

où, pendant le long voyage de l'empereur dom
Pedro, la princesse sa femme, comme nous l'avons
dit, était régente de l'Empire.

Heureux pays, dont le souverain peut courir le
monde pour étudier la civilisation universelle, sans
que son peuple s'agite et sans que l'équilibre soit
rompu!

Telle est la carrière de Gaston d'Orléans, déjà
très-remplie et très-glorieuse. A l'âge où on recule
devant d'aussi grandes responsabilités, le comte
d'Eu a su les assumer toutes. Épris de l'idée civilisatrice, nous ne pouvons nous empêcher d'admirer ce jeune soldat qui, après avoir battu Lopez et
l'avoir forcé de se réfugier dans ses forêts inaccessibles, a pour premier souci de rompre les fers des
esclaves et de rendre à ces populations, opprimées
par une incessante dictature, la première des di-
gnités humaines : la libre disposition de soi-même.

FERDINAND-PHILIPPE-MARIE

DUC D'ALENÇON

DUC D'ALENÇON.

Le second fils du duc de Nemours est né le 12 juillet 1844 ; comme son frère Gaston d'Orléans, il a subi les examens de l'École d'artillerie de Ségovie, et s'y est distingué dans ses études. Il a obtenu à sa sortie le numéro un. C'est un bel officier de vingt-huit ans, bien doué par la nature, aux manières nobles, élégantes et courtoises ; d'un aspect clair et sympathique à tous, il a la belle allure du duc de Nemours, avec tout le charme de la jeunesse.

C'est une marque distinctive de ces jeunes princes de la maison d'Orléans, que partout où il s'est tiré un coup de canon dans le monde, lorsque les incompatibilités politiques ne les éloignaient pas du champ de bataille, ils ont voulu courir au danger. C'est une tradition à laquelle aucun d'eux n'a failli : Orléans, Nemours, Joinville, Aumale et Montpensier étaient des soldats aguerris, et l'armée française les a vus en Afrique ; le comte de Paris, que sa grandeur attachait cependant un peu au rivage, était sur les bords du Potomac pendant la guerre d'Amérique ; Chartres est le grand soldat de la jeune génération ; le comte d'Eu, lui, est déjà général en chef et victorieux ; Penthièvre a presque autant navigué que son père et vu la mort de près dans la mer de Corail ; quant à Alençon, à l'âge où il reçoit son brevet de lieutenant d'artillerie, l'Europe est tranquille ; il n'y a qu'un petit coin du monde où le bruit du canon se fait entendre : les îles Philippines, où certaines populations insoumises appellent les troupes espagnoles ; il demande à y être envoyé. Voilà le dernier soldat de la maison d'Orléans guerroyant entre la mer de la Chine et l'océan Pacifique, contre des *Moros* d'une espèce particulière, armés de flèches, mais qui cependant sont assez ingénieux pour employer l'artillerie dans leurs redoutes. Il eut la mission, dans cette expédition, de commander l'artillerie, et, entré le troisième dans le fort, le général lui donna en présent les dépouilles du chef indigène qui avait organisé la résistance.

Dans un volume intitulé *Luçon et Mindanao, — Extraits d'un journal de voyage dans l'extrême Orient,* — le duc d'Alençon a fait le récit de son expédition. Cette faculté d'écrire et d'observer est encore caractéristique de la famille ; presque aucun de ses membres n'a failli à cette tâche, depuis le duc d'Orléans jusqu'à ce dernier prince, l'un des plus jeunes. Le volume est très-limpide, il dit bien ce qu'il veut dire : statistique, géographie, détails pittoresques, observation des mœurs et des coutumes, aperçus ingénieux sur les intérêts politiques de l'Espagne, tout y est ; on y trouve aussi, comme dans les lignes qui suivent, un reflet de l'invincible mélancolie qui, sous le drapeau étranger, poursuivait partout ces jeunes exilés.

« Ceux qui espéraient une campagne sont déçus en voyant la fin si prompte de l'expédition ; et ceux qui sont venus jusqu'en Océanie chercher l'occasion de faire la guerre dans les rangs d'une armée étrangère se prennent à envier les heureux auxquels il est donné, sans aller si loin, de combattre au milieu des soldats de leur pays. »

Des Philippines, le duc d'Alençon se rendit au Japon, de là en Chine, à Java et dans l'Inde, qu'il visita successivement. Enfin, pendant la campagne de France, il demanda à plusieurs reprises et avec persévérance, jusqu'à la conclusion de la paix, à servir dans l'armée française ; il trouva les mêmes obstacles que les autres princes de la maison d'Orléans.

Aujourd'hui, s'il n'a pu combattre les ennemis de son pays, le duc d'Alençon a cependant réalisé son rêve; il sert dans les rangs de l'armée française et porte l'uniforme de capitaine d'artillerie; le duc a été incorporé dans le 12ᵉ régiment, en garnison au fort de Vincennes. L'accueil qu'il a reçu de ses compagnons d'armes a été des plus sympathiques.

Le duc d'Alençon est marié; après l'expédition des Philippines, le jeune officier, revenu en Espagne, demanda un congé pour revoir sa famille, dont il était séparé depuis plusieurs années. Pendant un voyage qu'il fit avec elle sur le continent, il eut occasion de connaître la princesse Sophie-Charlotte-Auguste, duchesse de Bavière, et l'épousa le 28 septembre 1868.

Une fille, *Louise*-Victoire-Amélie-Sophie, lui est née le 9 juillet 1869, et le 18 janvier 1872 la duchesse a donné le jour à un fils, qui a reçu les noms de Philippe-Emmanuel-Maximilien-Marie-Eudes, et a eu pour parrains l'empereur d'Autriche et l'impératrice Élisabeth, fille du duc de Bavière.

FRANÇOIS-FERDINAND-PHILIPPE-LOUIS-MARIE

PRINCE DE JOINVILLE

PRINCE DE JOINVILLE.

Sous la monarchie de Juillet, la légende populaire, vraie ou fausse, donnait au prince de Joinville un caractère qui faisait de lui le plus populaire des fils du Roi. On citait ses saillies, ses boutades, ses explosions de *chauvinisme;* on le représentait comme un esprit vif, primesautier, frondeur, ennemi de l'étiquette; de plus, il était marin, et cette carrière a toujours été sympathique aux foules. On avait fait de lui une sorte de Jean Bart policé, qui incarnait en lui la marine. Brave comme tous ses frères, il avait avec cela un emportement et une témérité qu'on aime assez en France; imagination chaude, tempérament ardent et assez enclin à l'opposition; ayant, comme on dit, « la tête près du bonnet »; la repartie prompte, la phrase colorée et le mot gaulois; cette figure populaire ainsi posée se détachait bien pour la foule, et elle apparaissait avec un relief particulier, au milieu de celles des princes de la famille.

On a dit du prince de Joinville : « C'est de tous

les fils du Roi celui que le peuple voyait le moins et connaissait le plus. » En effet, Sainte-Hélène, Saint-Jean d'Ulloa et Mogador avaient frappé les imaginations, et on avait rattaché son nom à ces trois grands faits de la carrière du jeune marin. L'amour ardent, et pour ainsi dire *en dehors,* qu'il portait à la France, se distinguait du patriotisme profond qui animait ses frères par quelque chose de bouillant et d'audacieux qui touchait les masses. C'était chez lui une sorte de fanatisme, qui eut même plus d'une fois ses dangereuses explosions. Plus tard, dans l'exil, le prince n'eut encore qu'une idée, servir son pays et donner sa vie pour lui, plutôt que le gouverner en prince. Presque constamment à la mer, étroitement enfermé sur son vaisseau, en contact permanent avec l'officier et le matelot, il sortit de cette incessante épreuve avec l'estime et le respect de tous. Devenu commandant en chef, il restait simple et affectueux; on estimait l'amiral, on respectait le prince, et on aimait le marin qui courait les mêmes dangers que tous, et avait trouvé le ton de familiarité noble qui convenait à sa situation difficile à bord.

Depuis les années d'exil, l'impression populaire n'a pas encore changé; et le dernier écho, celui qui nous a porté la dernière fois le nom du prince pendant la campagne de France, n'est pas fait pour la détruire. Un peintre académique pourra rectifier le portrait qu'a brutalement esquissé la foule, adoucir les tons trop violents, passer un glacis sur une épithète et voiler d'une demi-teinte un jour trop accusé; mais on aura beau faire, on ne changera pas la légende; elle a pris un corps, elle vit, et d'ailleurs l'esquisse est assez juste, et tout ce qu'on peut tenter, c'est d'ajouter quelques traits nouveaux, montrer les côtés sérieux et charmants de cet esprit, les ressources de cette belle intelligence, et, après avoir bien accusé le véritable caractère, faire sentir l'âme généreuse et tendre, le cœur chaud, toujours frémissant, éternellement jeune, et plein d'un amour profond pour tout ce qui est bon, noble et grand.

Il ne faut pas suivre cette carrière pas à pas et au jour le jour; on arriverait à la biographie sèche et froide, et rien ne donnerait moins une idée de la personnalité qu'il s'agit d'étudier ici.

Tenant presque constamment la mer, associé aux grands faits maritimes du règne du roi Louis-Philippe, le prince de Joinville a personnifié à côté du trône le marin français et conquis ses grades sur la flotte. Né en 1818, et troisième fils du Roi, il reçut l'éducation commune à tous ses frères. A treize ans, Joinville s'embarque comme élève à bord de la frégate *l'Artémise*, fait d'abord quelques voyages sur les côtes de France et d'Italie en compagnie du capitaine Hernoux, qui fut plus tard son aide de camp, et en 1834, passe ses examens publics à Brest devant le corps entier de la marine. Reçu élève de première classe, il fait deux courtes croisières sur *la Sirène*, l'une dans la mer des Açores, l'autre sur les côtes d'Angleterre. Avant de s'embarquer, il vient à Paris, assiste à la revue du 28 juillet 1835, et à l'explosion de la machine Fieschi reçoit une balle dans son chapeau, tandis que son cheval est blessé. Entré au service et assujetti à toutes ses exigences, il est nommé d'abord lieutenant de frégate sur *la Didon*, puis plus tard, en 1836, est embarqué comme lieutenant de vaisseau sur *l'Iphigénie*. Il visite alors la Grèce, la Caramanie, la Syrie et les Lieux saints. En août 1837, sur *l'Hercule*, il va faire son premier voyage au Brésil, touche à Gibraltar, à Tanger, et relâche à Ténériffe, où il reçoit une dépêche qui lui annonce l'expédition de Constantine. Il se rembarque à l'instant même, arrive à Bone, veut rejoindre immédiatement les colonnes; mais il n'arrive qu'après la prise de Constantine.

Après un court séjour à Alger, il reprend la route du Brésil, visite les Antilles, la Havane, l'Amérique du Nord, et reste absent de France pendant une année entière.

Il était revenu à peine depuis quelques semaines lorsque, en 1838, la guerre du Mexique éclate; il prend le commandement de la corvette *la Créole*, et cette fois se distingue d'une façon hors ligne à l'attaque du fort de Saint-Jean d'Ulloa. Lorsqu'on jette à terre les colonnes de débarquement, il force les portes de la Vera-Cruz, à la tête de ses matelots, se jette dans le feu sans souci de sa personne, combat comme un brave, et fait prisonnier de sa propre main le général Arista.

Ce combat fut très-dramatique; il eut lieu dans la maison même qui était habitée par les généraux Santá-Anna et Arista. Le prince, suivi des officiers de *la Créole*, soutenus par la colonne de débarquement composée des marins et d'une poignée d'artilleurs, dut combattre corps à corps jusque dans les chambres de l'habitation, qu'on força une par une. L'amiral Baudin, qui commandait alors à la Vera-Cruz, félicita Joinville devant toute l'escadre. Mis à l'ordre du jour de la flotte, le prince fut nommé chevalier de la Légion d'honneur et fait capitaine de vaisseau. Le Joinville de cette époque a été, du reste, fixé par Horace Vernet ; il figure au Musée de Versailles, sur le pont de son navire, dans les galeries de peinture historique.

En 1840, c'est au Prince que le Roi confia la mission de ramener de Sainte-Hélène les restes mortels de l'empereur Napoléon. Il était malade et séparé de la famille par une affection contagieuse, quand il reçut l'ordre de s'embarquer à bord de *la Belle-Poule*. La Reine sa mère comprenait l'importance de cette mission ; mais en raison de l'état du prince, à peine convalescent, elle le vit s'éloigner avec quelque regret. Le 2 novembre 1840, au retour, comme *la Belle-Poule* ramenait les cendres, elle rencontra un bâtiment hollandais qui lui fit connaître les nouvelles de France. La situation était grave. Beyrouth avait été bombardé ; les ports de Syrie étaient bloqués. On crut un instant à la guerre, et Joinville, en armant la frégate pour le combat, jura de se faire couler avec le cercueil de l'Empereur plutôt que de se laisser prendre. La crise passa, et le 30 novembre de la même année, la frégate, au retour, mouilla en rade de Cherbourg.

Peu de temps après, la mort subite du duc d'Orléans vint jeter une profonde tristesse dans toute la famille royale : Nemours prenait place aux conseils ; d'Aumale recevait le commandement de la province de Titteri ; Joinville reprit la mer, et, s'embarquant encore à bord de *la Belle-Poule*, à Brest, fit voile pour l'Amérique ; il visita Philadelphie, et à Boston reçut un accueil enthousiaste. De là il toucha en France, repartit pour Lisbonne, d'où il laissa le duc d'Aumale se diriger sur Alger, tandis qu'il mettait le cap sur le Sénégal, chargé d'une mission difficile. Il s'agissait de parcourir la côte occidentale d'Afrique, où se faisait impunément la traite des noirs et où les Anglais pratiquaient effrontément le droit de visite.

A Albreda, il donna un de ces exemples d'audace et de témérité qui le rendaient si populaire parmi nous. Il ne voulut pas reconnaître à l'Angleterre le droit de visite, et déclara que là où la France avait son drapeau, elle n'avait pas besoin de l'autorisation d'un gouvernement étranger, quel qu'il fût, pour se rendre dans ses possessions. Monté sur le vapeur *le Galibi*, il passa devant les forts de Sainte-Marie Bathurst en refusant d'y mouiller, au risque d'entraîner un conflit immédiat. Ce coup de tête, qui souleva quelques orages dans les conseils, répondait à sa préoccupation constante de suprématie de la France sur l'Angleterre.

Après avoir accompli sa mission dans le Sénégal,

le prince devait se rendre à Rio de Janeiro, où on avait préparé pour lui une alliance très-désirée par la famille. Il y séjourna quelque temps, et en 1843 revint en France, marié à la princesse Françoise du Brésil, fille de l'empereur dom Pedro Ier et de l'archiduchesse Marie-Léopoldine, petite-nièce de la reine Marie-Amélie. Élevé l'année même de son mariage au grade de contre-amiral, il eut dès lors le privilége d'assister aux conseils de l'amirauté. Tout en tenant compte de la connaissance pratique des choses de la mer qu'il avait acquise dans la vie du bord, c'est évidemment à cette circonstance que le prince dut de pouvoir traiter plus tard avec tant d'autorité toutes les questions relatives à l'organisation du service maritime et de la navigation à vapeur. C'est du reste à cette époque qu'il écrivit sa fameuse note sur l'état de la marine en France, qui détermina la violente attitude de la presse anglaise à son égard.

Vers le milieu de l'année 1845, Joinville, jusquelà subordonné à un chef supérieur, prit enfin le commandement de l'escadre d'évolution, croisa sur les côtes du Maroc, bombarda Tanger, et s'empara de Mogador. Là, comme à la Vera-Cruz, le prince paya de sa personne jusqu'à la témérité. Au moment du débarquement, monté dans son canot et sautant à terre une cravache à la main, sans même vouloir se laisser devancer par les tirailleurs qui devaient repousser l'ennemi éparpillé sur les côtes, il s'élançait au combat la poitrine découverte. Déjà quelques-uns de ceux qui l'accompagnaient étaient tombés à ses côtés ; les ennemis, bien abrités, choisissaient sûrement leurs victimes, et le prince allait certainement succomber, quand le lieutenant de vaisseau Coupevent des Bois, depuis contre-amiral, se jeta sur le prince pour le couvrir de sa personne. Le lieutenant, qui avait entouré Joinville de ses bras, reçut un instant après une balle à l'épaule à l'attaque d'une mosquée ; mais la colonne de débarquement gagnait du terrain, et Mogador tombait entre nos mains.

C'est à la suite de cette dernière expédition, où il commandait l'escadre avec tant d'énergie, que Joinville fut nommé vice-amiral. Plus tard, dans l'exil, il écrivit pour la *Revue des Deux-Mondes* son beau travail sur l'escadre de la Méditerranée, où il raconte l'enfance de la formation, montre comment, peu à peu, s'est engendré l'esprit qui anime nos marins, et raconte les services que, sans faste et sans ambition, cette arme a rendus au pays.

La révolution de 1848 trouva le prince à Alger, auprès de son frère le duc d'Aumale : il suivit la ligne de conduite politique adoptée par le gouverneur de l'Algérie. Si celui-ci pouvait agir sur l'armée, son frère pouvait à coup sûr agir sur la flotte, son nom y était aussi populaire et ses services tout aussi reconnus et appréciés; cependant pas un mot d'amertume ne sortit de la bouche du vice-amiral, qui, en perdant son rang et son commandement, perdait aussi son pays, et devait pendant bien des années errer du couchant à l'orient, toujours sous le coup de la douleur du bannissement.

« Du fond de l'exil je ferai des vœux pour le bonheur de la France et le succès de son drapeau. » Voilà son mot d'adieu à la flotte, qui, pendant vingt-deux ans, n'a jamais cessé de le regretter, et où son fils a reçu un accueil dont le père doit être fier.

A partir de 1848, il est difficile de notifier les faits dans leur exactitude absolue; ils ne se rattachent plus à l'histoire de notre pays, et cette activité féconde n'a plus de but. Le prince voyage sans cesse; il voit la Grèce, la Hongrie, la Suède, il parcourt l'Espagne; l'Andalousie arrête cette nature éprise de la couleur et du pittoresque. L'exil lui est bien amer, plus amer peut-être qu'à tout autre, car si son âme est forte, il y a au fond de ce cœur une tendresse infinie qui déborde, et le banni supporte mal sa douleur et ne parvient point à la tromper. Entre deux voyages, il peint, il écrit ; et, le moment venu, je montrerai comment le soldat et l'artiste se reflètent dans chaque récit.

En 1861, lorsque la guerre éclate aux États-Unis d'Amérique, trouvant là un aliment à son activité, le prince part pour New-York ; il emmène avec lui son fils le duc de Penthièvre, qui va faire ses études à l'école de marine de New-Port, et ses neveux le comte de Paris et le duc de Chartres, qui serviront sous les ordres de Mac-Clellan.

Cette période de la vie d'exil est la plus remplie et la plus pittoresque. Le prince suit le quartier général de Mac-Clellan ; il est là en simple amateur et vêtu de l'habit bourgeois ; il n'a ni rang ni grade ; c'est déjà *l'homme au grand chapeau* qui, en 1871, deviendra légendaire, dans les combats autour d'Orléans. Il est l'ami de Mac-Clellan. C'est un prince au milieu de républicains du nouveau monde, un touriste, très-expert aux choses de la marine et de la guerre, très-vivement intéressé par tout ce qu'il voit. Il n'a pas abdiqué sa liberté ; et comme on a confiance en lui, il erre librement partout ; rien ne lui échappe, ni les grands mouvements d'ensemble, ni les escarmouches des avant-postes. Il voit tout de haut et d'une vue d'ensemble, comme un stratégiste et comme un écrivain militaire qui plus tard publiera : « *Quatre mois à l'armée du Potomac.* » Mais cependant, comme il est très-artiste, très-aventureux et très-épris du pittoresque, à côté de Joinville l'ami de Mac-Clellan, son confident à l'heure du conseil, il y a le Joinville à l'esprit aventureux qui accompagne en volontaire une reconnaissance, qui prend part à une embuscade et tente une aventure.

Le prince est peintre ; en cela il tient de sa mère, qui était une élève distinguée d'Angelica Kauffmann. C'est un aquarelliste d'un véritable talent, il est même sculpteur ; il s'arrête ici pour croquer une batterie pratiquée au milieu des tulipiers, des arbres de Judée, des azaléas en fleur ; là, comme son neveu le duc de Chartres vient de risquer sa vie dans une sanglante escarmouche à l'attaque d'une maison d'où on le fusille à bout portant, il esquisse la baraque et indique d'un crayon spirituel et vif les figures des cavaliers, avec l'aspect du paysage. Son album est un véritable document historique : notes rapides, levées de plans, croquis de campements, panoramas de champs de bataille, épisodes mystérieux et dramatiques qui restent ignorés au milieu des grands combats, il a tout fixé. Il y a aussi des costumes, des portraits de généraux, des convois militaires. Les mœurs des armées américaines, le mode de campement, les punitions infligées aux soldats, sont mêlés aux renseignements de statistique et aux éléments d'un récit historique qui ont leur note plastique à l'appui. Le prince dessine toujours et partout. Aux facultés militaires d'un amiral, et à la distinction d'un prince du sang, il joint les facultés de Ghys ou de Durand-Brager, et il apporte à ces travaux, qui sont le délassement des études plus sérieuses de l'art de la guerre, la conscience d'un correspondant du *Times* ou du *London-News*. Nous, qui n'avons pas de prétention à la solennité, nous ne pouvons nous empêcher d'être touché d'une tendance particulière au prince comme narrateur; il place toujours l'homme et l'action dans son milieu. S'il décrit un mouvement, on voit bien le site, on comprend la contexture du terrain, on se représente le décor, et même on sait la flore du pays; ces qualités de relief n'empêchent pas d'ailleurs les grands coups d'aile.

On ne peut pas dire que le prince ait joué un rôle dans cette guerre; il a cherché à vivre, il a vécu, et j'imagine que ces quatre mois à l'armée du Potomac ont laissé en lui de profonds souvenirs. Après avoir lu beaucoup de publications sur cette guerre, on trouvera encore un véritable intérêt à suivre les récits que l'auteur a publiés dans la *Revue des Deux-Mondes*; cela sent la chose vue, et cette campagne si complexe, si énorme, est résumée sous une forme vive par un esprit élevé qui en a bien saisi les grandes lignes et dessiné l'ensemble de manière à donner aux choses accessoires leur véritable place.

Depuis ce temps, le prince a réuni ses articles dans deux volumes publiés sous le titre : « *Études sur la marine et récits de guerre.* » Le premier volume contient trois chapitres : *l'Escadre de la Méditerranée, — la Question chinoise, — la Marine à vapeur dans les guerres continentales.*

Le second comprend aussi trois sujets : *l'Armée du Potomac, — la Marine en France et aux États-Unis en 1865, — Encore un mot sur Sadowa.*

L'aphorisme célèbre : « Le style c'est l'homme », n'est pas un vain mot. On peut dire que le prince de Joinville apparaît tout entier dans ses écrits; ils révèlent sur son caractère et ses facultés plus de choses que n'en sauraient révéler les notes biographiques puisées aux meilleures sources. Le style en lui-même a une certaine ampleur de race, les expositions sont nettes, limpides, les épisodes s'encadrent bien dans les récits d'ensemble. J'ai dit que l'écrivain était doublé d'un peintre, et cette faculté, qui a son prix en littérature, mais qui peut avoir aussi ses dangers, ne se fait sentir que lorsqu'il s'agit de placer le tableau dans son cadre naturel.

L'étude sur l'*Escadre de la Méditerranée* contient des pages chaudes et colorées qui touchent le lecteur et lui font éprouver l'émotion que l'auteur a ressentie lui-même en les écrivant. Là, tout respire l'amour de la patrie, le culte du drapeau, l'esprit de discipline, l'abnégation nécessaire à l'homme de mer, qui, à des milliers de lieues de sa patrie, a toujours présents à l'esprit les devoirs qui l'engagent. De temps à autre passent dans le récit les figures attachantes des amiraux célèbres dessinés d'une main habile par un prince et un marin qui respecte en eux les vertus du soldat. Ici c'est une peinture large et solide qui retrace les péripéties de la tempête; là, une autre dit les ardeurs de la lutte: et ne s'astreignant pas à un historique étroit, on sent que celui qui écrit a commandé et organisé en même temps qu'il a combattu. Il conseille, il réforme, et il indique la voie à suivre pour améliorer ou pour arriver à des résultats auxquels on aspire.

Nous n'analyserons pas un à un les travaux littéraires du prince, mais nous constatons qu'à une
forme large et pure il joint ce don de l'émotion.
Sans s'en douter, tout d'un coup, comme une chose
qui s'échappe de lui-même, comme un cri de la
nature qu'il ne peut retenir, il prend pour point de
comparaison, afin de mieux parler à nos yeux, tel ou
tel souvenir qui nous est familier à tous, et qui pour
lui est encore un reflet de la patrie absente. Dans
un passage, il parle des effets du tir des pièces
énormes placées sur les bastions de York-Town :
« ..... Le projectile allait frapper la terre à cinquante
mètres en arrière ; son appareil percutant agissait,
et il éclatait en lançant en l'air une gerbe de terre
aussi haute que le jet d'eau de Saint-Cloud. »

Je ne sais si mon jugement littéraire me trompe,
mais à coup sûr mon cœur ne se trompe pas quand
il est touché, et je sens la mélancolie profonde de
l'exil dans ce souvenir de Saint-Cloud, évoqué en
pleine guerre d'Amérique, par un prince qui, à cette
époque, peut croire qu'il ne reverra jamais les allées
du parc où tout enfant il jouait avec ses frères.

Nous avons promis au lecteur de lui montrer des
Français et des meilleurs ; ce prince-là est de notre
race : qualités et défauts, tout nous appartient ; il
est bien des nôtres.

On ne fait pas jour par jour l'histoire d'un exilé; les voyages, l'étude, la préoccupation de suivre aussi étroitement que possible la marche des armées ou de la flotte française engagée sur tel ou tel point, remplissent l'existence du prince pendant le long intervalle qui sépare la guerre d'Amérique de la campagne de France. Le Mexique, l'expédition de Chine, sont des sujets d'étude pour lui, et rien de ce qui intéresse le pays ne le trouve indifférent. En 1870, il s'associe à la demande d'abrogation des lois d'exil, et, la guerre engagée et le mouvement du 4 septembre accompli, il se présente en personne aux membres du Gouvernement de la défense nationale à Paris, et réclame le droit de vouer sa vie à la défense de son pays. Le Gouvernement de la défense nationale croit qu'il y a danger pour la paix publique, et que la présence des princes dans les rangs de l'armée éveillera une compétition politique funeste au pays. Ceux-ci reprennent donc la route de l'exil; mais les désastres se succèdent, et un jour le prince de Joinville et le duc de Chartres manquent à la réunion de famille; ils souffrent de leur inaction, ils sont partis pour la France.

D'abord on les voit dans la Seine-Inférieure; puis, au mois d'octobre, Joinville, qui a laissé son neveu à Rouen, va offrir de nouveau ses services ; ils sont encore refusés : il a pris son parti, il servira sous un nom d'emprunt.

Nous trouvons dans le volume intitulé *Orléans*, que vient de publier le général Martin des Pallières, le récit suivant, qui est certainement le plus touchant de tous ceux qu'on a pu faire au sujet des tentatives infructueuses des princes pour servir leur pays :

« Le lendemain 26 novembre, je fus distrait de mes préoccupations par un incident qui me causa une pénible émotion.

» J'étais occupé à dicter des ordres à un de mes aides de camp, lorsqu'on vint me prévenir que quelqu'un me demandait un moment d'entretien particulier. La carte portait le nom du colonel Lutherod, ce nom m'était inconnu. Cet étranger ayant refusé d'expliquer à mon chef d'état-major le motif de sa visite, je descendis au bout d'un instant.

» Comme je n'avais aucune pièce pour le recevoir sans témoin, l'entretien eut lieu dans l'escalier même d'un petit rendez-vous de chasse où était établi mon quartier général. J'attendis qu'il prît la parole.

« — Me reconnaissez-vous ? me dit-il.

» — Non, monsieur.

» — Vous ne reconnaissez pas votre ancien
» amiral?

» Je cherchai, mais en vain, dans mes souvenirs : ma réponse fut un signe de tête négatif.

« — Je suis le prince de Joinville. Rappelez vos
» souvenirs : c'est moi qui ai commencé votre car-
» rière; voulez-vous m'aider à finir la mienne? »

» A ces mots, un souvenir de ma jeunesse illu-
mina mon esprit, et me reporta bien loin en arrière
à une époque plus heureuse.

« Si vous saviez, continua-t-il, combien j'ai
» souffert dans mon exil! Éloigné pendant trente
» ans de la France, de tout ce que j'aime, aujour-
» d'hui je suis rebuté partout et traité comme étran-
» ger dans la patrie que j'espérais retrouver. J'ai
» été voir à Tours MM. Crémieux, Glais-Bizoin et
» l'amiral Fourichon, sans pouvoir même obtenir
» d'eux de mourir pour cette France, pour ce mal-
» heureux pays que j'aime plus que tout au monde.

» J'ai demandé, mais en vain, à servir comme
» simple volontaire, perdu dans la foule, ignoré,
» sous un nom supposé.

» Je me suis présenté chez le général d'Aurelle,
» il ne m'a pas reçu.

» N'aurez-vous pas pitié de l'affreuse situation
» qui m'est faite? Je ne vous demande ni un grade

» ni une position; rien que la permission de me
» perdre parmi les volontaires qui combattent à vos
» avant-postés. Vous n'entendrez jamais parler de
» moi. Vous-même ne m'avez pas reconnu... Qui
» se rappelle aujourd'hui le prince de Joinville?
» qui pourrait reconnaître celui que trente années
» d'exil et de chagrin ont rendu étranger à
» tous?... »

» En présence de cette douleur navrante, je sentais peu à peu l'émotion me serrer la gorge. Malgré moi, ma pensée se reportait au 15 août 1844,
au bombardement de Mogador. J'étais à bord de la
frégate *le Suffren,* commandée par ce jeune et
brave amiral, estimé et aimé de tous, et alors l'orgueil de notre marine.

» Ce jour-là, on devait enlever l'îlot qui défendait l'entrée du port, et malgré mes instances, je
n'avais pu obtenir de faire partie des troupes de
débarquement. C'était une occasion unique pour
décider ma carrière. Rebuté de tous mes chefs,
désespéré aussi, je m'adressai à ce même prince,
aujourd'hui devant moi, le suppliant de me laisser
descendre à terre comme volontaire. Il me l'accorda
aussitôt; et c'est ainsi que je lui dus de verser
pour la première fois mon sang pour le pays.

» Cependant quelle différence dans les mobiles

qui nous faisaient agir ! Lui ne rentrait d'exil que pour demander à mourir obscurément pour la France, à s'ensevelir dans sa ruine, au moment où l'issue de la lutte apparaissait désespérée.

» Involontairemeut, je me sentais faiblir. Mais tout à coup, je me représentai la situation de la France ; je n'avais pas le droit de lui créer de nouvelles difficultés : la malveillance certes ne manquerait pas d'exploiter la présence du prince, qui ne pouvait longtemps rester ignorée, comme il le supposait. Quelles que fussent mes sympathies et mon respect pour une semblable infortune, je refoulai au fond de mon cœur tous mes sentiments de reconnaissance. Au risque de paraître à ses yeux guidé par la crainte mesquine de me compromettre, et reprenant enfin sur moi-même l'empire que le devoir me prescrivait :

« Monseigneur, lui répondis-je, ce que vous me » demandez est impossible. Nous jouons la dernière » carte de notre malheureux pays : il nous faut » éviter tout ce qui pourrait donner prétexte à une » agitation quelconque en présence de l'ennemi.

» Je saisis dans le regard du prince un éclair de désespoir : il me prit la main qu'il serra en silence, et partit.

» Je le vis s'éloigner seul d'un pas rapide, et il

me fallut quelques instants pour me remettre et ne
pas trahir la douloureuse impression qui faisait dé-
border mon cœur. »

Le 23 décembre, le prince fait une nouvelle tentative racontée par le général Chanzy dans son
ouvrage *la Deuxième Armée de la Loire.*

Le prince est venu trouver le 22 le général Jau-
rès, le priant de solliciter pour lui l'autorisation
de suivre l'armée. Il est en France sous le nom de
colonel Lutherod ; il a assisté aux affaires du
15e corps en avant d'Orléans, a pris part au combat
dans une des batteries de la marine, et n'a quitté la
ville qu'avec les derniers de nos soldats. Il demande à suivre les opérations du général Chanzy,
promettant de garder la plus grande réserve et de
ne se révéler à personne. Quant à lui, le général
en chef ne croit pas pouvoir lui refuser ce que le
gouvernement de la République accorde à tous les
Français ; il en réfère cependant à M. Gambetta,
ministre de la guerre, et prend ses ordres à ce sujet.

M. Gambetta crut devoir refuser ; voici la lettre
qu'il écrivit à ce sujet :

« ..... Le prince, même sous un nom d'emprunt,
ne peut rester en France sous aucun prétexte. Il a
commis une faute très-grave en pénétrant sur le

territoire subrepticement, et en se rendant aux armées, où il pourrait devenir pour la paix publique, si sa présence était révélée, un élément de désordre et dans le pays un brandon de guerre civile. La question posée par la présence du prince n'est d'ailleurs pas nouvelle pour nous : elle s'est posée dès le lendemain de la révolution du 4 septembre, et le gouvernement de Paris fut unanime pour faire ramener à la frontière les imprudents qui l'avaient franchie. Dans une occasion plus récente, les intentions du gouvernement leur ont été signifiées de nouveau. La conduite du prince de Joinville est donc tout à fait coupable. — Comme républicain, comme membre du gouvernement, je dois faire respecter les lois : demain M. le colonel Lutherod sera conduit en lieu sûr.

» Telles sont les instructions que je vous prie de faire exécuter.

» Agréez, etc.

» *Signé :* L. GAMBETTA. »

Dès la réception de cette lettre, le 29, le général en chef fit prévenir le prince de Joinville par le commandant de Boisdeffre, son aide de camp, que l'autorisation sollicitée pour lui était refusée par le gouvernement ; l'invitant en même temps à faire

connaître l'heure de son départ du Mans et le lieu
où il comptait se rendre pour s'embarquer. Le
prince répondit qu'il partirait le soir même pour
Saint-Malo, et écrivit la lettre ci-jointe au commandant de la deuxième armée, qui ne l'avait pas revu
depuis l'entrevue du 23.

« Le Mans, 29 décembre 1870.

« Général,

» Je ne veux pas m'éloigner sans vous remercier
de ce que vous avez fait pour moi.

» Votre loyauté de soldat avait compris qu'on
peut vouloir servir son pays uniquement parce
qu'on l'aime. Vous aviez compris la douleur de
quelqu'un qui a porté l'épée, de rester seul oisif
dans la crise terrible que nous traversons. — Tous
mes vœux les plus ardents accompagnent vous et
votre armée.

» Croyez à mes sentiments reconnaissants..

» *Signé :* Fr. d'Orléans. »

Quelques jours après, le général en chef fut pré-
venu que l'on disait dans le Mans que le prince
avait été arrêté et mis en prison. Voulant savoir d'où

pouvait provenir ce bruit, auquel il n'ajoutait aucune importance, il fit demander au préfet s'il savait ce qu'était devenu un colonel américain du nom de Lutherod, qui avait séjourné quelques jours dans la ville. Le préfet, M. Lechevalier, répondit qu'il n'avait aucune connaissance de ce personnage.

Ce ne fut que plus tard, à Laval, que la lettre suivante du prince, publiée dans le *Times*, fit connaître ce qui s'était passé.

PRINCE DE JOINVILLE AND M. GAMBETTA.

A Monsieur l'éditeur du *Times*.

« Monsieur, la publicité du *Times* est trop grande pour qu'il me soit possible de laisser accréditer, sans rectification, le récit que vous donnez aujourd'hui de mon arrestation au Mans et des circonstances qui l'ont amenée.

» Voici les faits :

» J'étais en France depuis le mois d'octobre.

» J'étais allé pour offrir de nouveau mes services au gouvernement républicain, et lui indiquer ce que, avec son aveu, je croyais pouvoir faire utilement pour la défense de mon pays.

» Il me fut répondu que je ne pouvais que créer des embarras.

» Je n'ai plus songé dès lors qu'à faire anonymement mon devoir de Français et de soldat.

» Il est vrai que je suis allé demander au général d'Aurelle de me donner, sous un nom d'emprunt, une place dans les rangs de l'armée de la Loire. Il est vrai aussi qu'il n'a pas cru devoir me l'accorder, et que ce n'est qu'en spectateur que j'ai assisté au désastre d'Orléans.

» Mais lorsque plus tard j'ai fait la même demande au général Chanzy, elle a été accueillie. Seulement, en m'acceptant au nombre de ses soldats, le loyal général a cru devoir informer M. Gambetta de ma présence à l'armée, et lui demander de confirmer sa décision.

» C'est en réponse à cette demande que j'ai été arrêté par un commissaire de police, conduit à la préfecture du Mans, où on m'a retenu cinq jours, et enfin embarqué à Saint-Malo pour l'Angleterre.

» Je n'ai pas besoin d'ajouter que, quels que soient les sentiments que j'ai éprouvés en étant arraché d'une armée française la veille d'une bataille, je n'ai tenu aucun des propos que l'on me prête sur M. Gambetta, que je n'ai jamais vu.

» Agréez, Monsieur l'éditeur, l'assurance de ma haute considération.

» FR. D'ORLÉANS, prince de Joinville. »

» Twickenham, 12 janvier. »

Le général d'Aurelle de Paladines, dans son volume *la Première Armée de la Loire*, a raconté tout au long, le premier, l'épisode qui avait précédé ces démarches. À la date du 22 novembre, vers midi, un étranger arrivait au quartier général ; il fut reçu par le capitaine de Langalerie, aide de camp du général en chef : c'était le prince de Joinville qui se présentait sous les auspices du général Changarnier, qu'il avait vu récemment en Belgique, et sous les ordres duquel le général d'Aurelle avait longtemps servi en Afrique.

M. de Langalerie, qui connaissait sur ce point la manière de voir du général en chef, insista pour que le prince ne le vît même pas ; il comprenait mieux que personne la douleur qu'éprouvaient les princes de se voir condamnés à l'inaction, mais il prévoyait un refus, et le général d'Aurelle manquerait à ses devoirs en laissant ignorer au gouvernement sa présence à Orléans. Le prince partit donc sans même voir le général en chef.

Cependant, on le voit par les documents qui précèdent, il faut que Joinville se dévoue, et nous allons le retrouver, douze jours après, dans la batterie des Acacias, sous ce nom de Lutherod, colonel américain. On refuse ses services, il faut qu'il ait sa part des dangers; le voilà devenu partisan, il erre autour d'Orléans, toujours en bourgeois, la canne à la main ; *l'homme au grand chapeau* de la guerre d'Amérique reparaît, on s'habitue à lui ; mais cependant quand il s'éloigne des grands centres d'action, on le soupçonne. Un jour près de Dreux, des mobiles l'arrêtent, et, dans cette époque d'affolement, le prennent pour un espion qu'ils veulent fusiller. Mais les jours d'action, il est volontaire à tout faire, artilleur, pointeur, infirmier, au besoin donneur d'utiles conseils. « Faites occuper la gare, c'est le point important ! » crie-t-il un jour à un chef qui prend des dispositions insuffisantes ; et de fait, on reconnaît que le conseil est salutaire. Dans les batteries, où il apparaît comme un amateur, les matelots s'habituent à lui. « Aujourd'hui ça ira bien, disent-ils, nous avons l'homme au grand chapeau. » C'est déjà une légende, et le soir, à l'heure de la retraite, le prince enlève les blessés et fait au besoin le brancardier.

Tout cela est touchant, surtout quand on pense

qu'il y avait là une force inutilisée. Il n'eût rien sauvé sans doute ; mais il avait l'autorité du commandement et la conception savante et prompte. Pendant ce temps-là, Chartres, plus heureux que son oncle, faisait son devoir sous le nom de Robert le Fort et voyait l'ennemi de plus près.

A partir de janvier, le prince de Joinville est rentré en Angleterre ; mais il reparaît à Paris le 18 mars, et il a la douleur d'assister à cette funeste journée, dont il a suivi de très-près les sinistres épisodes.

Rendu à son pays par un décret de l'Assemblée, il arrive à Versailles le jour même du vote, et errant par hasard dans Versailles, nous avions l'honneur et la joie de serrer la main des exilés sur la terre française, en leur souhaitant la bienvenue. Nous n'oublierons jamais avec quelle émotion les princes répondirent à nos souhaits en frappant le sol de la patrie, comme pour bien s'assurer qu'il ne manquerait plus sous leurs pieds. C'était la France vaincue, la France attristée, déchirée par la guerre étrangère et souillée par la guerre civile ; mais enfin, c'était la patrie rendue aux exilés.

Le prince de Joinville, par une récente décision du ministre de la marine, a été réintégré dans son grade de vice-amiral.

La princesse de Joinville, doña Françoise *Caroline*, sœur de l'Empereur du Brésil, est née le 2 août 1824. Dès les premières années de son mariage, transplantée sur une terre étrangère, elle se fit Française par le cœur et gagna l'affection de tous ceux qui vivaient alors à la cour de France. Elle a supporté avec un véritable stoïcisme la vie difficile que lui faisaient les incessants voyages de son fils et les dangers réels qu'il courait déjà avant d'avoir l'âge d'homme. Elle a donné deux enfants au prince :

Le duc de Penthièvre, Pierre-*Philippe*-Jean-Marie d'Orléans, né le 4 novembre 1845, et une fille, *Françoise*-Marie-Amélie, née le 14 août 1844, et mariée le 11 juin 1863 à son cousin le duc de Chartres.

FRANÇOISE-CAROLINE-JEANNE

PRINCESSE DE JOINVILLE

PIERRE-PHILIPPE-JEAN-MARIE
DUC DE PENTHIÈVRE

DUC DE PENTHIÈVRE.

Le fils aîné du duc de Joinville, Pierre-*Philippe*-Jean-Marie d'Orléans, né le 4 novembre 1845, est marin comme son père; chez lui, la vocation a été forte, et, on peut le dire, irrésistible. Sous une timidité apparente, je ne sais quoi de rare, d'insolite et de particulier dans l'allure qui provoque chez l'observateur la curiosité et l'étude, le duc de Penthièvre cache une énergie extraordinaire et de rares facultés. Il adore son métier, et la nature l'a doué du tempérament et des aptitudes qui lui en rendent la pratique facile et les dangers moins redoutables. Très-porté vers l'étude des mathématiques, esprit exact, minutieux, travailleur célèbre dans son entourage, attentif à tout ce qui peut être un indice, et doué de la concentration intérieure nécessaire pour vivre dans les conditions spéciales du rude et noble métier d'homme de mer, ce jeune officier de marine a peut-être, à son âge, passé par les épreuves les plus dures de la vie maritime, et donné les marques de capacité les plus convaincantes qu'on puisse attendre d'un homme de son âge.

Un jour, pendant la guerre contre les confédérés, il croisait dans le golfe du Mexique à bord d'une frégate à voiles. Il était chargé tout seul des montres du bâtiment, et pendant vingt-quatre heures, à la suite d'un très-gros temps, ses camarades et ses chefs laissaient échapper des doutes sur la bonne direction du bâtiment. On chuchotait autour de lui ; déjà un grondement sourd arrivait jusqu'à ses oreilles. Penthièvre, qui est doué d'un grand sang-froid, alla tranquillement aux officiers : « Je réponds de mon point sur ma tête, dit-il ; dans quatre heures, si la brise ne mollit pas, nous relèverons le cap Hatteras. »

Et quelques heures après, ses camarades vérifiaient l'exactitude de ce qu'il avait avancé. Il n'avait alors que dix-neuf ans, et déjà ne savait pas reculer devant la responsabilité.

Un homme de cœur et un grand marin, M. Fauvel, au sortir du détroit de Torrès et des bancs de la mer de Corail, que Penthièvre venait de franchir, disait en montrant le duc à un de ses compagnons de voyage : « Maintenant je lui confierais une fré-

gate, et je suis sûr qu'il la tirerait sans une égra-
tignure de ces terribles bancs de coraux. »

Il faut dire, du reste, que jamais éducation spéciale ne fut plus pratique, et que rarement des
occasions plus propices furent offertes à un jeune
marin. D'ailleurs, quand l'occasion ne venait pas,
Penthièvre allait au-devant d'elle. S'il n'avait pas
été le fils d'un exilé, et exilé lui-même, il eût eu
naturellement pour champ d'étude les explorations
de nos escadres et les luttes maritimes que la France
a soutenues dans cette dernière période. Réduit à
sa propre initiative, il prit pour champ le monde
entier, et fit des voyages dans des conditions moins
heureuses peut-être, mais qui offraient du moins
l'attrait d'une responsabilité plus grande, et laissaient à ce marin avide de voir et d'apprendre une
plus grande liberté d'allure.

Le prince de Joinville, dont nous avons dit la
nature ardente et le caractère impétueux, a élevé
son fils avec vigueur et même avec une certaine
audace. Il lui a permis, à l'âge où tant de jeunes
hommes sont encore en tutelle, d'affronter des
périls réels et de visiter des contrées inconnues,
dans des conditions tout à fait exceptionnelles et
qui n'étaient pas sans danger. Le duc de Penthièvre
est sorti de ces épreuves trempé pour la lutte ; le

caractère s'est formé et le corps est de fer. On verra que ces épreuves, qui sont tout à fait dans la tradition de la famille, et auxquelles les personnalités qui la composaient n'ont d'ailleurs pas toutes résisté, ne furent point toujours sans angoisses.

L'éducation littéraire de Pierre d'Orléans, duc de Penthièvre, a été confiée à un Français, M. Bouverat; il a suivi les cours du collége d'Édimbourg, puis a été confié, pour l'étude des mathématiques, à M. Banderali, un élève très-distingué de l'École polytechnique, dont nous avons déjà cité le nom. A quinze ans, Penthièvre parlait et écrivait très-correctement l'italien, l'anglais, l'allemand, l'espagnol et le portugais. Ses instincts de voyageur s'étaient déjà révélés; il avait parcouru les champs de bataille de Crimée, d'Italie, d'Allemagne, visité les Hébrides et fait un voyage pittoresque dans l'Andalousie. Au même âge, c'est-à-dire encore enfant, il part pour les États-Unis et se présente aux examens écrits et oraux de l'École navale de New-Port; reçu dans un bon rang, il commence l'apprentissage de la vie au milieu de ses camarades yankees, braves compagnons, très-travailleurs, mais souvent un peu rudes dans leurs allures.

M. Fauvel, lieutenant de vaisseau de la marine française, accompagnait le prince en Amérique; il avait donné sa démission, pour que l'éducation navale du jeune midshipman, faite aux États-Unis, fût pour ainsi dire traduite en termes français techniques : il fut pour lui un père et un ami. C'est ainsi que l'idée de la France, sa tradition maritime, étaient toujours vivantes pour le jeune élève.

L'École de New-Port jouit d'une réputation bien méritée; elle a d'ailleurs formé le corps d'officiers d'une des premières marines du monde. Pierre d'Orléans s'y montra zélé, exact, et doué d'une sorte de fougue dans le travail qui prouvait que la vocation parlait en lui. C'était ce qu'on appelle un *piocheur,* le bon enfant dans toute l'acception du mot, très-ami de ses amis, et, on peut le dire, ne boudant pas plus à la mâture qu'à la boxe, enfin un marin franc et net. Midshipman en 1863, enseigne de vaisseau à la fin de la même année, lieutenant en 1864, il avait lutté avec ténacité pour arriver à obtenir ces grades, qui ne se donnent qu'au concours.

Dans la campagne d'Europe du vaisseau-école, il avait passé par tous les grades de l'instruction maritime; tour à tour gabier dans les vergues, chauffeur à la chaudière, et pointeur au banc de quart. Puis la guerre contre les fédérés avait éclaté, et il était monté comme lieutenant à bord d'une frégate à voiles. C'est à cette époque de sa vie que se rapporte l'épisode que nous avons cité plus haut.

Un rude coup faillit arrêter cette carrière brillamment commencée. Les fièvres, dont il venait d'être atteint dans le golfe du Mexique, épuisèrent le duc à un tel point, que pendant de longs jours on ne put répondre de sa vie : ce n'est que grâce aux doses énormes de quinine qu'on lui fit prendre qu'il échappa à la mort. Mais bientôt on constata qu'il devait à une médicamentation effroyable par sa violence une surdité subite, qui eut sur la nature du prince une influence presque immédiate. Il s'imagina peut-être que cette affection pouvait devenir une cause d'embarras pour ceux qui l'entouraient, et son caractère, déjà assez concentré, devint timide et attristé. Ce fut pour lui l'occasion de se porter avec une véritable fougue vers l'étude des sciences. Il s'occupa de chimie, de botanique, d'astronomie, de mécanique, et parvint, dans chacune de ces spécialités, à posséder des connaissances très-sérieuses. Le maniement des pièces d'artillerie d'un calibre énorme, dans lequel excellent les marins du nouveau monde, n'était pas fait pour atténuer le mal; cependant le duc continua sa carrière, et y apporta autant d'assiduité que s'il eût dû servir jusqu'à la fin de sa vie sous le pavillon étoilé d'argent.

Les événements qui se passaient en Europe, les préférences ouvertes de l'Empereur pour les confédérés, la rupture imminente du Nord avec la cour des Tuileries à propos de l'expédition du Mexique, allaient rendre la situation précaire. Le prince de Joinville exigea que son fils donnât sa démission, et le chagrin que celui-ci eut alors de renoncer à servir fut tel, qu'un témoin oculaire nous a raconté que le jeune officier pleurait à chaudes larmes. Il fallut chercher sous quel drapeau le lieutenant de vaisseau pouvait naviguer sans froisser aucune convenance politique; le gouvernement portugais voulut bien lui reconnaître son grade, et, embarqué aussitôt sur le *Bartholomeo Diaz*, il fit deux années de campagne dans les mers du Sud. Il vit Montevideo, Buenos-Ayres, et stationna à Rio, où son oncle l'empereur du Brésil le reçut avec joie. De temps à autre, dans chacune de ces stations, il avait le bonheur de se lier avec des officiers français auquel le nom de son père était cher ; et, à terre, la colonie française l'accueillait de manière à lui créer pour une heure l'illusion de la patrie absente.

En janvier 1866, *pour la première fois depuis six années de service de mer*, Pierre d'Orléans prend un congé d'un mois. Il fait ses préparatifs pour aller en Chine, monte à bord d'une frégate portugaise qui doit toujours lever l'ancre, mais qui ne quitte jamais le port; il s'impatiente; et, pressé de voir, avide d'apprendre et de connaître, il abandonne la frégate et se dit : « J'irai en Chine pour mon compte, et cette fois je ferai le tour du monde. »

Ce programme fut ponctuellement accompli. Le lieutenant de vaisseau Fauvel lui servit de guide dans ce grand voyage, où l'étude de la navigation devait tenir la plus large part, la seule importante pour lui. Voir des pays nouveaux, étudier des mœurs nouvelles et des civilisations inconnues, c'était sans doute un grand attrait, mais la vie du bord et l'exploration au point de vue maritime étaient le but le plus grave. Le temps passé à terre, si bien employé par le prince et par ses compagnons, ne devait être que l'attrait secondaire.

Entré dans ce travail par circonstance et sans enthousiasme, je ne puis m'empêcher d'admirer moi-même quelle activité cette jeune génération de princes a déployée, et je veux m'y arrêter un instant. Le comte de Paris, à peine arrivé à l'âge d'homme, a déjà étudié l'Allemagne à fond, et pris en main une des questions les plus considérables qui intéressent l'Angleterre, la question ouvrière. Il est chimiste distingué; il a écrit sur les sujets politiques et sur les questions les plus ardues de l'économie politique. Chartres, dès qu'il a atteint l'âge auquel on peut revêtir l'uniforme, combat en Italie. La guerre des confédérés éclate dans le nouveau monde, le voilà officier dans l'armée de Mac-Clellan. Dès que les circonstances l'éloignent, il étudie, il écrit l'*Introduction* aux *Guerres d'Afrique* de son père; dans notre désastre, abrité sous un nom d'emprunt, il fait vaillamment son devoir et gagne une distinction que tous ses camarades reconnaissent avoir été bien méritée.

Le comte d'Eu, à dix-huit ans, court au Maroc et s'y distingue; à l'âge où l'on porte sa première épaulette, il est général en chef et victorieux. Alençon atteint sa vingtième année quand l'Europe est tranquille; il n'y a qu'un petit coin de terre au monde où l'on tire un coup de canon: il y court, et à la première affaire se jette bravement dans le feu. Le prince de Condé, lui, meurt à vingt ans en

Australie, où l'a appelé sa propre initiative. Nous disons ici la vie de Penthièvre, et l'on voit si elle est remplie. A quelque cause qu'on appartienne, on ne peut vraiment se défendre d'une certaine admiration pour des existences aussi laborieuses et aussi intelligemment remplies.

Nous avons laissé le duc de Penthièvre à bord d'un clipper anglais qu'il a choisi comme le meilleur marcheur ; il double le cap de Bonne-Espérance, et sa première traversée ne dure pas moins de quatre-vingt-onze jours. Le grand intérêt de ce long voyage, c'est d'étudier les ressources d'un navire de commerce et de les comparer à celles qu'offre la marine de guerre. Il semble que le prince soit le patron du navire ; il fait le point parallèlement avec le capitaine ; le jour, il observe le soleil ; la nuit, il monte avec son sextant sur le pont, et, s'il fait gros temps, l'officier du bord demande conseil au jeune passager, dans lequel il a reconnu un habile marin, et il compare son point avec le sien. Pendant huit mois de mer, sur dix-sept mois que dure tout le voyage, le prince se regarde comme responsable ; il ne s'épargne aucune des fatigues qu'entraîne cette responsabilité, et ne se départ pas un instant de sa surveillance tacite.

Il est engagé sur ce frêle navire dans l'océan Austral, où de violentes tempêtes viennent l'assaillir ; il navigue dans ce terrible détroit de Torrès, et passe au milieu des invisibles bancs de coraux de ces parages. Il affronte les périls de Bali, du cap Saint-Jacques, des mers de la Chine et du Pacifique. C'est en sortant, non sans inquiétude, du détroit de Torrès, que le lieutenant de vaisseau Fauvel, sûr désormais que le jeune officier a surmonté les plus grandes difficultés du métier, et fier de son élève, assure qu'on pourrait lui confier une frégate.

Partout où il aborde, les petites colonies anglaises et hollandaises établies dans ces terres lointaines lui font de somptueuses réceptions, mais Pierre d'Orléans est ennemi de l'étiquette, et quoique touché de ces démonstrations sympathiques, il ne devient vraiment expansif et radieux que quand il retrouve des Français sur ces plages étrangères ; et, si humble que soit leur condition, si pauvre que soit le toit qui les abrite, il se sent en France chez ces Français volontairement exilés de leur patrie. Aussi laisse-t-il dans ce sillage de plus de 300,000 milles marins, nombre d'amis d'un jour, qui deviennent des amis dévoués et qui, encore aujourd'hui, correspondent avec lui, et, à travers les mers, adressent souvent au prince un souvenir de reconnaissance et de dévouement.

Un livre charmant [1], très-vivant, très-mouvementé, et qui mérite le brillant succès qu'il a obtenu, fait assister pour ainsi dire le lecteur à toutes les péripéties de ces voyages. Il a été écrit par M. le comte de Beauvoir, qui avait alors vingt et un ans ; ce qui est personnel au prince n'y apparaît que d'une façon discrète et voilée ; mais les initiés comprennent vite que les voyageurs doivent au rang de celui qui est l'hôte principal des populations qu'on visite, la magnificence des spectacles qu'on leur donne, les occasions uniques qu'on leur procure de voir et de connaître ces pays si pittoresques, si curieux, et qui parlent si vivement à l'imagination de ceux qui ont l'humeur voyageuse.

Le duc vit alors l'Australie, Java, la Chine, le Japon et la Californie. Il eut la joie, au Japon, de rencontrer l'escadre française commandée par l'amiral Roze ; mais en juillet 1866, trois mois à peine après l'embarquement et dès le début, une grande douleur était venue le frapper. Il devait trouver à Melbourne le prince de Condé, qui, lui

---

[1] *Voyage autour du monde*, par le comte DE BEAUVOIR : I. *Australie.* — II. *Java, Siam, Canton.* — III. *Pékin, Yeddo, San-Francisco.* — Henri Plon, éditeur.

aussi, voulait virilement débuter dans la vie et voir l'Australie : de là il aurait continué avec le fils du duc d'Aumale ce prestigieux voyage. Avant même d'avoir franchi la passe et vu de près la terre australienne, le pilote apprit au duc de Penthièvre la mort de son cousin.

Dans ces lointains parages, la pensée de la patrie n'était jamais absente. Un jour, à Hobart-Town, dans l'île de Van Diemen, le prince entend dire que des marins français morts sur ces plages sont ensevelis depuis 1840 sur une colline aux portes de la ville. Une forêt de géraniums recouvre les tombes, et la mousse cache les inscriptions des croix. Il se dirige avec ses amis vers le lieu du pèlerinage, et là, sous les grappes de fleurs, sous les lianes et les herbes, ils recherchent pieusement les limites de chaque fosse, ils redressent les croix détruites, déchiffrent les noms déjà presque effacés, ils ont enfin la triste joie de retrouver les traces des victimes frappées par une épidémie à bord des navires français revenant du pôle sud.

Le soir même, l'exilé commandait des pierres funéraires, monuments touchants de la piété d'un marin fils de France; on relevait ces ruines et on gravait sur le marbre cette inscription, hommage rendu à des compatriotes morts à six mille lieues de la mère patrie.

EXPÉDITION AUTOUR DU MONDE

DES CORVETTES

L'ASTROLABE ET *LA ZÉLÉE*.

———

A LA MÉMOIRE DE

. . . .

. . . .

ET DES AUTRES MATELOTS DÉCÉDÉS
A HOBART-TOWN EN 1840.

———

HOMMAGE D'UN PRINCE FRANÇAIS, MARIN COMME EUX,
QUI A VOULU SAUVER DE L'OUBLI
LES NOMS DE SES COMPATRIOTES
MORTS DANS L'ACCOMPLISSEMENT
D'UNE MISSION GLORIEUSE POUR LA FRANCE.

9 SEPTEMBRE 1866.

C'est en septembre 1867 que se termine ce voyage autour du monde; le duc de Penthièvre ne prend que trois mois de repos, et dès les premiers jours de l'année 1868 il repart pour les États-Unis et visite la Nouvelle-Orléans.

En 1869, il fait un long séjour en Hongrie et

dans les Carpathes, et passe quelque temps à Athènes et à Constantinople.

La déclaration de guerre le trouve en 1870 en Islande ; il revient en toute hâte, espérant prendre sa place comme marin à bord d'un bâtiment de l'État. Mais il éprouve le même refus que ses oncles et ses frères : il n'a d'autre ressource que de se rendre en Angleterre, où il suit avec douleur la marche des Allemands et les efforts désespérés de nos armées.

Partageant le sort commun à tous les princes, le décret de l'Assemblée le rend à son pays ; il peut enfin réaliser le rêve de toute sa vie : il revêt l'uniforme français et monte à bord de l'*Océan* comme lieutenant de vaisseau, sous les ordres de l'amiral Renault, qui commande l'escadre.

Pierre d'Orléans a été accueilli avec la plus grande courtoisie par ses nouveaux camarades, qui, dès la première occasion, ont reconnu son aptitude maritime. Aucun d'eux d'ailleurs n'ignore les services effectifs qui ont permis au gouvernement de lui reconnaître un grade chèrement acheté.

Cette carrière, bien courte encore, est déjà très-remplie, surtout si on considère que Pierre d'Orléans est seulement entré dans sa vingt-septième année. Peu d'hommes de cette jeune génération peuvent cependant se flatter d'avoir autant vu, autant comparé, et donné plus de preuves d'énergie. Il y a là un caractère, une personnalité attachante et sympathique.

HENRI-EUGÈNE-PHILIPPE-LOUIS

DUC D'AUMALE

DUC D'AUMALE.

Quel est le sentiment qui pousse l'opinion publique à regarder le duc d'Aumale comme celui des princes qui a pris en main les intérêts politiques de la famille, et comme l'éditeur responsable des actes et des intentions de ce qu'on appelle le « parti d'Orléans » ?

Il faut sans doute chercher l'explication de ce fait dans un certain esprit d'initiative, une affirmation plus nette de la personnalité, un entrain particulier, et peut-être une volonté plus arrêtée d'accepter la responsabilité, de quelque nature qu'elle soit. Il est possible aussi que dans cet ensemble de caractères, tous très-nets d'ailleurs, très-affirmés, et qui se dégagent d'une façon précise quand on les étudie avec soin, celui du duc d'Aumale soit le plus accusé, celui qui a le plus de relief.

Le duc, il faut aussi le dire, par suite de circonstances connues, a l'existence plus grande ; il présente une surface plus étendue, plus facilement saisissable, et il est devenu un centre. Malgré son âge et son rang dans la famille, il semble qu'il en soit devenu le chef, celui sur lequel, dans cette galerie de portraits, le peintre concentrerait le plus volontiers le point lumineux.

Une ignorance profonde des faits réels, des sentiments véritables et des situations respectives, a fait naître au sujet du duc certaines insinuations qui se présentent à l'esprit de tous.

L'union est absolue entre les princes et les vues sont communes. Un écrivain qui prendrait directement les intérêts d'un parti aurait évidemment le devoir de redresser l'opinion publique ; mais nous ne faisons qu'indiquer légèrement la nuance, sans essayer de réfuter des erreurs qui sont simplement le fait d'un public mal informé.

Le duc d'Aumale a aujourd'hui cinquante ans ; il est d'une nature vigoureuse et forte, d'un aspect martial qui rappelle, par son type et toute son allure, le soldat français traditionnel. Le geste, le costume, l'habitude du corps, un je ne sais quoi de réglementaire joint à une certaine crânerie dans la démarche, dénoncent au premier abord l'officier français. Vingt-deux ans d'exil dans un pays qui laisse volontiers son empreinte sur ses hôtes et qui, s'il est permis de s'exprimer ainsi, leur communique presque inévitablement le goût de son terroir, n'ont rien enlevé au prince de son cachet gaulois, de son type originel et de ses habitudes physiques et morales toutes françaises. Agile, robuste, entraîné, doué de bonne humeur et de franchise, causeur brillant, chasseur forcené, cavalier accompli; à la fois écrivain, artiste, collectionneur passionné et doué des aptitudes les plus divérses; susceptible aussi d'endurer les plus excessives fatigues sans en garder la marque, le duc est un type, même dans cette galerie, où chacun se dessine avec un trait particulier.

Il est difficile d'être plus de son temps et de son pays; et si le sentiment public se préoccupe de cette personnalité-là avec plus d'insistance, c'est que peut-être le Français se reconnaît là tout entier.

Ni l'éloignement, ni le climat, ni l'entourage, ni les influences extérieures n'ont pu altérer le cachet et la race. C'est notre langue moderne, pittoresque, vive, imagée, et tenue au courant, malgré tout. Le duc n'est point *démodé;* il a suivi la marche, il comprend l'allusion née d'hier, il sait le livre d'aujourd'hui, l'œuvre qui paraîtra demain, et n'ignore rien de ce qui s'est fait dans aucune branche.

Chez lui, deux tendances bien distinctes s'affirment tout d'abord. Le prince est un soldat; on lui a rendu hier son grade de général de division, et son désir secret, ardent, profond, certainement supérieur à toute pensée d'ambition politique, serait d'être à la tête de l'armée française. Si la nation affirme sa volonté de se constituer sous la forme anonyme de la République, l'homme qu'on regarde comme dévoré du désir de gouverner, et qui, je le crois, prendrait son parti de l'obscurité plus facilement qu'on ne veut l'admettre, n'aspirerait qu'à un but : commander sà division n'importe où, et voir revivre dans l'armée française la discipline et les mâles vertus qui firent autrefois sa force.

A côté du soldat, il y a le lettré très-délicat et nourri de sains principes, versé dans la connaissance des vieux Français classiques, et aussi ferré sur Hugo et Musset que sur Beaumarchais et Molière.

La galerie du duc est célèbre; en 1862, il en exposait les principales œuvres à *Fine-Arts Club,* et rédigeait lui-même son catalogue raisonné. Toiles, émaux, dessins, estampes rares, vitraux d'Écouen dus à Bernard de Palissy, mosaïques, manuscrits rares, autographes, imprimés du quinzième siècle, reliures aux armes des Sforza ou des Médicis, armes, tapisseries, faïences rares et porcelaines exquises, tout a été classé par ses soins, et il dit l'origine de toute chose.

La bibliothèque du duc à Twickenham est aussi des plus précieuses; il en annote le catalogue et l'enrichit chaque jour. Ce côté sérieux dans l'esprit n'a pas tari la verve gauloise et la bonne humeur, toujours un peu voilée cependant par le souvenir mélancolique de la mort de la duchesse d'Aumale et par le trépas du jeune Condé. C'est toujours le Gaulois à l'esprit vif qui commandait : « Présentez armes! » en défilant, à la tête de son régiment, devant le Clos-Vougeot, où rougissaient les pampres vermeils; c'est encore le Français caustique répondant à Naples à l'ambassadeur de Napoléon III qui lui demandait si sa santé était toujours bonne dans l'exil : « Excellente, merci bien. Heureusement, cela ne se confisque pas. »

Il faut faire deux périodes de cette existence : celle qui précède la révolution de 1848, et celle de l'exil. Jusqu'en 1848, l'histoire du prince est mêlée à celle du pays; Vernet l'a écrite aussi avec son pinceau, et les galeries de Versailles en ont rendu populaires les principaux épisodes.

L'éducation du duc d'Aumale est la même que celle de ses frères. Un homme supérieur qui est un exemple de grand caractère, M. Cuvillier-Fleury, a été son précepteur. A dix-sept ans, le duc entre dans les rangs de l'armée, débute comme officier au camp de Fontainebleau, et dirige bientôt l'école de tir de Vincennes. En 1839 il est fait capitaine au 4e de ligne, et en 1840, son frère d'Orléans s'étant déjà fait une brillante place dans l'armée d'Afrique, il l'accompagne comme officier d'ordonnance. Il voit le feu pour la première fois à l'Afroun, prend part au combat du col de la Mouzaïa, et gagne un à un ses grades. En juillet, 1841, il est atteint des fièvres, quitte l'Afrique et traverse la France au milieu des acclamations. La rentrée à Paris du 17e léger est encore dans toutes les mémoires, et nos souvenirs d'enfant peuvent évoquer ce glorieux défilé de soldats hâlés par le soleil d'Afrique, à l'uniforme usé par la victoire, et dont les étendards pendaient en loques glorieuses. Un lugubre épisode attriste un instant cette fête : Quenisset, posté sur le passage et armé d'un pistolet, tire sur le jeune prince, mais heureusement il ne l'atteint point.

De 1841 à 1842, d'Aumale étudie l'art militaire, et, créé maréchal de camp, il repart pour l'Algérie, où il commande jusqu'en 1843 la sub-division de Médéah. C'est à cette époque qu'au milieu d'engagements divers il accomplit le glorieux fait d'armes de Goudgilab, où nos troupes s'emparent de la smalah d'Abd-el-Kader, de ses étendards, de ses troupeaux, de trois mille six cents prisonniers, avec le trésor de l'émir et toute sa correspondance. Nommé lieutenant général, le jeune prince reçoit le commandement supérieur de la province de Constantine. L'année 1844 se passe encore en expédition; et vers la fin de cette même année, le mariage du duc avec la fille du prince Léopold de Salerne est résolu. Cependant sa carrière militaire n'est point entravée par cette alliance; il commande, en 1845, le camp de la Gironde, refait l'année suivante une nouvelle expédition en Algérie pour prendre part à la pacification des Kabyles; de là il passe en Espagne, où son frère Montpensier va s'unir à la sœur de la reine Isabelle.

En septembre 1847, déjà très au courant des affaires de la colonie, ayant le sens du pays, la connaissance accomplie de la race, de ses intérêts et de ses mœurs, le Roi lui confie le gouvernement général des possessions d'Afrique, qui, jusque-là, avait été dans les mains du maréchal Bugeaud, une grande autorité militaire et un esprit hautement pratique.

Cette importante fonction, le duc d'Aumale ne put la remplir longtemps, puisque la révolution éclata six mois après. Cependant ce gouverneur de vingt-six ans a laissé, parmi tous les officiers français qui servaient à cette époque, l'impression la plus profonde. Il déploya là de véritables qualités et montra une rare intelligence des intérêts du pays qu'il dirigeait.

C'est ici que se place, dans la vie du duc, une situation très-controversée et dont quelques-uns se font une arme contre lui, tandis que d'autres, au contraire, en ont conçu, à partir de ce jour, une estime profonde pour le fils du Roi.

Nous avons entendu dire, dans un milieu composé d'hommes politiques appartenant au parti conservateur, et qui jetaient les yeux autour d'eux pour découvrir les personnalités sur lesquelles on peut compter : « Le duc d'Aumale n'est pas homme à accepter les responsabilités ; il avait à sa disposition une armée en 1848, il n'a pas su marcher contre Paris, et renfermer dans ses véritables limites ce mouvement de surprise qui, débutant par une émeute au cri de : *Vive la réforme !* finit par une

révolution, renverse une dynastie, et après nous
avoir donné la République, aboutit au césarisme. »

Si, au lieu de faire œuvre d'artiste, je faisais de
la politique, je voudrais répondre à cet argument,
très-fréquemment employé, dans les mêmes termes
que M. Estancelin dans la séance du 3 juillet 1870 :
« Oui, le duc d'Aumale commandait une armée de
quatre-vingt mille hommes; il était jeune, il était
brave, aimé de son armée, il aurait pu lui faire
appel et tenter de relever le trône de son père; mais
une image se dresse devant lui : celle de la France,
sa patrie, sa mère. Il ne voulut pas porter sur elle
une main sanglante et sacrilége. Ce fut peut-être
une faute, mais je n'ose l'en blâmer, car elle vient
d'un cœur élevé et a été inspirée par l'amour de la
patrie. »

Je sais qu'on traite volontiers cela de sentimen-
talisme et qu'on assure que c'est ainsi qu'on perd
un pays. Mais quel est donc celui qui peut se flatter
de mesurer exactement la portée des mouvements
révolutionnaires? Et quand une révolution s'est
accomplie comme celle de 1848, d'une manière
relativement pacifique; quand surtout une partie
de l'armée a pactisé au cri funeste de : *Vive la
ligne!* poussé par les émeutiers; qui donc est assez
fort ou assez cynique pour débarquer, le cœur lé-

ger, à la tête de quatre-vingt mille Français ? Qui donc ainsi armé se serait décidé à écraser dans le sang un mouvement déjà général, complétement victorieux, et qui, dans un enthousiasme qu'on peut méconnaître ou railler, a déjà fait de l'ordre avec du désordre, organisé un gouvernement républicain qui, somme toute, a sombré, mais du moins n'a pas rançonné le pays, dilapidé ses finances et sali son drapeau ?

Quoi qu'il en soit, le duc d'Aumale, le 3 mars, remit le pouvoir entre les mains du général Cavaignac ; il adressa à l'armée des adieux qui sont restés dans le cœur de tous, les adieux d'un soldat et ceux d'un Français soumis à ce qu'on croyait alors le vœu du pays. Le 3 mars, accompagné du prince et de la princesse de Joinville, il s'embarqua à bord du *Solon,* qui les conduisit à Gibraltar, et de là en Angleterre.

En apprenant la conduite de d'Aumale et en lisant la lettre adressée à l'armée, le roi Louis-Philippe approuva tout ce qu'avait fait le jeune gouverneur, et il ajouta devant un témoin oculaire, M. Trognon, qui l'a répété depuis : « C'est là le seul langage qui soit digne de d'Aumale ! »

Il n'y a point à croire que l'exil ait été plus facilement supportable pour l'un des princes que pour tous les autres; cependant le duc d'Aumale, soldat actif, gouverneur de l'Algérie, très-mêlé aux affaires de son pays, dut particulièrement souffrir de cette renonciation forcée à toute action ayant un but immédiat. Du reste, les témoins des premiers mois de l'exil ont raconté la douleur inconsolable de ces Français qui perdaient leur patrie, et l'immense chagrin qu'ils ressentirent le 26 mai 1848, lorsque le décret qui les bannissait du territoire de la France fut voté par l'Assemblée.

Nous ne suivrons plus pas à pas les princes fils du Roi, à partir de 1848. Sur cette terre d'exil, on peut dire d'eux qu'il n'ont plus d'histoire; et cependant le malheur frappe chaque jour à leur porte, la mort fauche autour d'eux, et la pensée constante de l'exil est là, comme une basse mélancolique qui accompagne le chant de leur vie monotone.

Le duc vint d'abord à Claremont, auprès du Roi et de la Reine. De 1851 à 1852, son beau-père le prince de Salerne étant mort, il resta près d'une année à Naples, occupé de ses affaires de famille.

En avril 1852, il ramena d'Italie un de ses fils déjà chancelant et qu'il devait avoir la douleur de perdre quelque temps après. C'est vers ce temps qu'il se fixa à Orléans-House, à Twickenham. C'est une résidence paisible, toute simple d'abord ; puis devenue plus considérable par suite d'additions nombreuses ; elle avait du reste pour le duc et pour toute la famille l'attrait du souvenir. Le roi Louis-Philippe et la reine Marie-Amélie, proscrits comme princes français, de 1813 à 1815, avaient passé là deux ans loin du monde ; c'est même à Orléans-House qu'ils apprirent la nouvelle de la bataille de Waterloo, et quelques-uns des grands arbres qui ombragent aujourd'hui les pelouses avaient été plantés par le Roi. Le duc d'Aumale, possesseur d'une fortune considérable comme héritier du dernier des Condé, devait asseoir sa vie dans l'exil, devenir un centre, s'entourer de tout ce qu'il aimait et qui pouvait lui rendre la vie plus douce par l'étude et par le culte des belles choses. Il acheta donc Orléans-House, qui appartenait à lord Kilmorey.

Nombre de Français qui avaient conservé pour la famille soit le dévouement politique, soit simplement l'inébranlable respect qu'on ne peut s'empêcher de professer à son égard, n'ont jamais passé le détroit sans aller s'inscrire à Twickenham. Décrire l'habitation du duc d'Aumale, c'est dire ses goûts et ses habitudes ; ils se reflètent avec fidélité dans tout ce qui l'entoure, et il est difficile à un Français de notre génération de parcourir les salles de cette résidence sans qu'un monde de pensées l'assiége, et sans que les souvenirs reviennent en foule à son esprit.

A la première visite, on voit que le maître de la maison est un éclectique en art et en littérature ; il a des toiles de l'école italienne, des espagnols, des flamands et des français ; un nombre considérable de miniatures historiques. Fragonard est représenté là par une très-curieuse collection de quarante-deux portraits des princes et princesses de la branche royale de Bourbon et de la famille de Condé. Cette suite provient directement du château de Chantilly. Une autre collection intéressante au point de vue historique, est celle spéciale au vainqueur de Rocroy. C'est un passage de l'histoire de France qui se déroule devant les yeux. Au milieu des nombreux portraits de Condé et de l'histoire des combats qu'il a soutenus, racontés avec le pinceau, le visiteur peut toucher de ses mains le drapeau du régiment Royal-Liégeois pris à la bataille de Rocroy, et les guidons de l'armée du prince.

Les dessins de maître sont très-nombreux et de toutes les écoles ; la gravure tient une grande place, et on peut dire qu'il y a là, sans parti pris spécial, un échantillon de toutes les formes que l'art peut revêtir pour flatter les yeux, élever l'âme et toucher le cœur. Émaux de Petitot et de Limousin, miniatures exquises, manuscrits précieux, autographes de François Ier, de Rabelais, de Montaigne, de Brantôme, de Condé, de Corneille, de Racine, figurent dans cette collection, où l'on voit aussi les corrections autographes de Bossuet sur la copie manuscrite de la *Défense de la Déclaration du clergé de France*. C'est là un ensemble qui tente l'amateur et le ravit.

La période romantique de 1830, cette efflorescence admirable à laquelle ont assisté les princes et pour laquelle ils se sont tant passionnés, est spécialement représentée à Orléans-House. L'histoire de l'art à notre époque ne sera pas complète si on ne visite pas cette demeure. La galerie Maison est entrée là achetée d'un bloc ; et pendant vingt ans d'exil, chaque année, aux feux des enchères, le prince a disputé les plus belles toiles aux amateurs.

A côté de la bibliothèque, à laquelle on arrive par un couloir orné des verrières d'Écouen, attribuées à Bernard de Palissy, se trouve le cabinet du prince. Ce cabinet est en France, car tout y parle du pays. Là sont conservés comme des reliques les armes d'Afrique, le képi et les épaulettes de lieutenant général ; des souvenirs de famille couvrent les murs.

La bibliothèque est célèbre ; le point de départ de la formation est l'achat de la collection Cigogne. Depuis, chaque jour, une pièce rare, un incunable, un Alde, un Elzevir, disputé dans les ventes, est venu prendre place sur les rayons. Le prince fait soigneusement son catalogue raisonné, qui sera une œuvre importante. Le 21 mai 1862, comme nous l'avons dit, l'exposition spéciale, faite pour la visite du *Fine-Arts Club,* a réuni un choix d'objets d'art de toute nature tiré des collections du duc d'Aumale. Sept cent trente-huit pièces de tout genre, depuis les tableaux de grands maîtres jusqu'aux tapisseries, gemmes, armes historiques et reliures précieuses, ont figuré dans cette exposition.

Ces collections, qui d'ordinaire tiennent tant au cœur des amateurs, ont cela de plus ici qu'elles expliquent d'elles-mêmes la vie du prince dans l'exil ; elles représentent les longues heures de méditation, le travail assidu, le loisir artistement rempli.

Voilà pour le côté intellectuel ; mais la vie anglaise offre beaucoup de ressources à ceux qui sont doués d'une grande activité physique, et le duc d'Aumale a vite organisé son existence au point de vue du sport et de l'hygiène. Il se lève dès le jour, monte beaucoup à cheval ; il a aussi une chasse dans le comté de Worcester, à Wood-Norton, où il a développé l'habitation primitive de manière à pouvoir loger des hôtes et vivre de la vie du chasseur. Il est infatigable à cet exercice ; cavalier vigoureux et veneur expert, il a trouvé dans cette existence un dérivatif nécessaire.

Sa vie s'est partagée entre les voyages, les déplacements dans les îles des Trois Royaumes et la résidence à Orléans-House et à Londres. Les princes se sont beaucoup répandus dans la société anglaise, et ils y ont vite acquis l'estime et la sympathie de tous. Ils ont fait à Londres ce qu'ils faisaient en France : étroitement mêlés au mouvement intellectuel du pays, ils se sont efforcés de se pénétrer de l'esprit des institutions politiques, du génie du caractère anglais, de ses ressources, et des qualités sérieuses qui font que ce grand peuple résiste encore à la crise qui, peu à peu, arrive à menacer toutes les autres nations de l'Europe.

De fréquents voyages à Bruxelles et à Bade, ces deux boulevards de Paris, ont été bien souvent l'occasion pour les princes de grouper autour d'eux des Français, indépendants ou dévoués, qui leur créaient pour quelques jours l'illusion du pays. C'est à Bade surtout que les artistes, les hommes de lettres et les amateurs de courses, membres du Jockey ou célébrités parisiennes, revoyaient chaque année les deux générations de princes qui venaient chercher là un écho de Paris, et aussi ce théâtre français, dont ils avaient vu les beaux jours avec Dumas, Hugo et Alfred de Vigny, dont ils savaient par cœur le répertoire.

La Suisse avait encore un attrait particulier pour le duc d'Aumale, qui avait conduit à Lausanne son fils, le prince de Condé, afin de lui faire achever ses études et de le présenter aux examens qui confèrent le grade d'officier dans l'armée fédérale. Ceux qui, dans ces différentes résidences, ont pu approcher les princes, ont constaté que parmi tous les fils du roi Louis-Philippe, le duc d'Aumale est peut-être celui qui a le moins changé moralement et physiquement.

L'Académie française, en appelant récemment le duc à siéger parmi les quarante, a évidemment suivi une tradition toute française et à laquelle elle a rarement failli : elle veut que l'illustration du rang s'allie au culte des lettres, et qu'un prince ait souci d'une des branches qui ont le plus distingué le pays et fait longtemps sa gloire. Si on compare l'œuvre du duc d'Aumale à celle d'un littérateur de profession, il n'y a nul doute que son bagage soit moins sérieux que celui de tel ou tel maître qui attend encore l'immortalité relative ; mais la tradition dont nous parlons est soutenue et justifiée par un ensemble d'écrits qui ont leur prix. Ce fut encore une ressource dans l'exil que ce travail littéraire ; mais ceux qui suivent de près le prince dans sa vie de chaque jour assurent que s'il travaille, ils ignorent à quelle heure il se recueille et comment, au milieu des occupations multiples qui ont pour but de donner satisfaction à ses goûts divers, il peut suivre une idée, la mûrir longuement, et produire une œuvre. Sa facilité de travail étonne les mieux doués ; d'ailleurs, cette qualité se retrouve à un haut degré chez le duc de Montpensier.

C'est en 1855 que deux études, l'une sur *les Zouaves*, l'autre sur *les Chasseurs à pied*, signées « de Mars », parurent dans la *Revue des Deux-Mondes*, qui eut l'honneur, pendant vingt ans, de représenter la protestation contre l'Empire. Déjà, dans l'entourage du duc, on connaissait ses recherches sur *la Captivité du roi Jean* et sur *le Siége d'Alésia*. En 1861, à propos d'un discours prononcé par le prince Napoléon, il écrivit cette brochure célèbre : *Lettre sur l'Histoire de France,* qui fit à Paris une vraie sensation, et fit croire un instant à une rencontre entre l'hôte du Palais-Royal et le duc d'Aumale. L'allure de cette lettre est des plus vives et indique un vrai tempérament littéraire. Dumineray et Beau, l'éditeur et l'imprimeur, furent condamnés à un an de prison et cinq mille francs d'amende. En 1862, la maison Michel Lévy accepta de publier l'*Histoire des Princes de la maison de Condé*. Mais, devant la menace du gouvernement, on mit l'édition au pilon; il y eut jugement, et le volume ne put paraître que beaucoup plus tard. On conçoit que le prince, possesseur des documents les plus précieux sur le sujet et des archives complètes de la maison de Condé, ait pu jeter une lumière sur cette période de l'histoire. Selon la mode contemporaine, qui n'admet les faits et les tendances que justifiés par des preuves irrécusables, il a livré au public une chose définitive et vraiment nouvelle, soutenue par des documents uniques. C'est dans l'ensemble de l'œuvre, le travail le plus important.

Après cette rapide esquisse et cette indication

des diverses tendances qui le caractérisent, la figure du duc d'Aumale et sa personnalité devront désormais se dessiner pour le lecteur. Nous arrivons à l'époque de la guerre fatale dont nous ressentons et ressentirons longtemps encore les cruelles conséquences. On connaît la demande collective d'abrogation des lois d'exil adressée au Corps législatif en 1870, et le sort qu'elle a subi ; on sait la présence à Paris des duc d'Aumale, prince de Joinville et duc de Chartres, le 6 septembre ; l'entrevue avec quelques-uns des membres du Gouvernement de la défense nationale. La guerre déclarée, les premiers désastres connus, le duc réclame encore l'honneur de prendre son rang dans l'armée française, mais sa demande est repoussée. A partir de ce moment, il se fixe à Bruxelles, pour être le plus près possible de son pays et mieux suivre les mouvements.

La guerre est finie, nous avons traité, les événements se précipitent ; aux angoisses de la défaite succèdent les tristesses désespérantes de la lutte dans les rues ; enfin l'Assemblée de Versailles rend les exilés à leur patrie, et après vingt-deux ans d'absence, ils revoient la France déchirée, meurtrie, diminuée. Le sang coule à flots, les partis sont en présence, la terre tremble sous les pas des proscrits, mais c'est la terre française; et le duc d'Aumale, réfugié dans la propriété d'un ami fidèle, arrive à Versailles avec le prince de Joinville.

Depuis cette époque, le suffrage des électeurs a envoyé les princes à l'Assemblée nationale : on a vu là une manœuvre politique et de sourdes intentions; mais on ne peut nier le droit de chacun à chercher une consécration éclatante de sa qualité de citoyen. Le débat soulevé par l'entrée du duc à la Chambre, après une restriction à laquelle il avait entendu poser des limites, est encore présent à l'esprit de tous. Deux questions graves se présenteront quelque jour et solliciteront évidemment l'intervention du duc d'Aumale dans le débat; c'est, d'une part, l'organisation de l'armée, sur laquelle le prince doit avoir des idées très-arrêtées, parce que ce sujet a été pendant toute sa vie l'objet de ses méditations; ensuite l'organisation de l'Algérie et la discussion du système à suivre pour améliorer le sort de la colonie. Sa connaissance spéciale, les fonctions qu'il a remplies en 1847 font une loi au député d'émettre publiquement ses idées.

Une dernière décision lui a rendu son grade de général de division dans l'armée française.

Aujourd'hui le duc, qui a revu Chantilly et y

convie ses amis, s'est rendu acquéreur de l'hôtel Fould, dans le faubourg Saint-Honoré, et a ouvert ses salons. Une foule considérable s'y presse, composée d'hommes politiques, de généraux, d'anciens serviteurs de la famille, d'étrangers de distinction, de diplomates accrédités, et de députés des différents partis. D'autres vont chez le duc d'Aumale comme chez un citoyen auquel ils portent l'expression de leur sympathie personnelle après des malheurs non mérités.

La foule, avec l'instinct qui ne raisonne pas, croit que le vœu secret des princes est de ressaisir le pouvoir suprême, et d'assumer la plus haute responsabilité pour le bonheur du pays. Mais nous croyons qu'il n'y a pas d'Atlas pour retenir ce monde chancelant, et qu'un génie organisateur ne saurait apaiser comme par enchantement tous les partis déchaînés. Il faut regarder plus haut.

Si c'est le vœu de la nation, il y a là des forces vives. Si le pays entend se gouverner lui-même, il y a là encore des citoyens respectueux du vœu public, qui ne savent pas régner sur une nation malgré elle, et ont prouvé qu'ils ne savent pas déchirer la France de leurs propres mains.

La duchesse d'Aumale, Marie-Caroline-Auguste

de Bourbon, fille du prince de Salerne, est morte récemment dans l'exil. C'était une nature assez frêle qui, à force de volonté et pour vivre de la vie du duc, le suivait dans ses fatigues et s'associait à ses travaux. Pendant toute son existence, elle s'identifia avec son mari au point de recopier tous ses manuscrits et de lui servir de secrétaire dans ses travaux littéraires. Elle avait donné au duc plusieurs enfants qui successivement furent enlevés à la tendresse de leurs parents. Devenue débile, épuisée, elle succomba, et sa mort a laissé une trace indélébile ; le duc, malgré sa nature vivace et pleine d'énergie, ressent encore le coup qui l'a frappé.

D'une famille nombreuse, deux enfants seuls lui restaient : le prince de Condé et le duc de Guise. Au dire de ceux qui l'ont connu, le jeune héritier du grand nom de Condé était doué d'une rare nature, passionné pour le travail et spécialement adonné à l'étude de l'histoire. Ce jeune homme donnait les plus grandes espérances. Il était réfléchi pour son âge, calme, studieux, et animé de sentiments très-religieux. Dès qu'il eut atteint l'âge de vingt ans, il rêva les expéditions lointaines et eut l'idée de visiter l'Australie. Il fut reçu dans cette terre nouvelle avec un véritable enthousiasme. C'était le premier prince français qui abordait dans ces parages, et pendant son séjour la société de ces colonies florissantes s'anima d'une vie nouvelle. Pris par les fièvres à la suite de fatigues excessives, il succomba à Sidney à l'âge de vingt et un ans.

D'une constitution délicate, passionné pour l'étude, facile à contenter, très-simple dans ses goûts, et intéressé surtout par tout ce qui pouvait augmenter la somme de ses connaissances, le jeune Condé, dès l'âge de raison, avait manifesté un vif attrait pour la géographie. L'Australie surtout l'attirait, il en parlait toujours. Le 4 février 1866, il s'embarqua à bord du steamer le *Mongolia* pour accomplir un voyage dont l'itinéraire, tracé à l'avance, devait lui faire voir les principales contrées de l'Orient : l'Égypte, Ceylan, l'Australie, la Tasmanie, la Nouvelle-Zélande, Java, la Chine, le Japon et l'Inde.

A Gibraltar, il prit à son bord son cousin le duc d'Alençon, qui se rendait aux Philippines pour prendre part à la petite expédition que les Espagnols préparaient alors. Le docteur Gingeot, qui l'accompagnait dans ce grand voyage, en a publié un récit intéressant dans *le Correspondant,* et c'est lui qu'il faut consulter pour connaître les tristes péripéties de cette fin prématurée du jeune prince.

Du *Mongolia* il passa à bord du *Bengal* pour se rendre à Ceylan, puis de Ceylan s'embarqua sur le *Bombay,* qui le porta en Australie. Aux Indes, il s'était particulièrement intéressé aux pratiques de la liturgie bouddhiste. Trouvant à chaque pas un nouveau sujet d'étude, il ne cessait de s'instruire et de se rendre compte de tout ce qui pouvait meubler son esprit et élargir ses horizons. A bord, il avait installé une bibliothèque anglo-française composée de tous les livres spéciaux aux contrées à parcourir. La littérature y avait aussi sa place, et le temps de la navigation était employé en doctes entretiens avec M. Gingeot.

A Sidney, le bruit de son arrivée mit la colonie en rumeur; ce fut à qui le recevrait avec plus de faste et de cordialité. Toujours modeste, il prétendait refuser tout ce qui pourrait donner à son voyage un caractère pour ainsi dire officiel; il restait à l'hôtel et restreignait autant qu'il le pouvait les réceptions et les honneurs qu'on prétendait lui rendre. Déjà à Ceylan sa santé avait été un peu ébranlée; les officiers de terre et de mer, les magistrats, les simples particuliers le fêtaient à l'envi; il devait bientôt être à bout de forces, mais il crai-

gnait de froisser ses hôtes. Passionné pour l'ento-
mologie et l'histoire naturelle, — il en avait déjà
donné la preuve en réunissant en Angleterre une
collection à peu près complète des insectes de la
Grande-Bretagne, — il ne put résister au plaisir
d'assister à une grande partie de pêche organisée
en son honneur. Au retour, il sentit un léger mouvement de fièvre qui occasionna une nuit d'insom-
nie. Il était dans cette disposition quand un télé-
gramme laconique, qu'il lut dans le bulletin de
Sydney, lui apprit que l'ex-Reine des Français, sa
grand'mère, était morte le 24 mars ; on était alors
au 12 mai. Cette rapide et sèche mention d'un fait
qui devait toucher si vivement son cœur détermina
un nouvel accès de fièvre accompagné d'un violent
mal de tête. Sans appétit, sans force, et d'une agitation nerveuse qu'on ne pouvait apaiser, il prit le
lit le jour même, et une fièvre typhoïde se déclara,
très-intense et accompagnée bientôt de redoutables
hémorrhagies.

Personne ne fut maître de conjurer le péril ; le
médecin anglais appelé en consultation avec le docteur Gingeot reconnut que le moment suprême
était venu. Le prince de Condé mourut en chrétien
fervent à l'âge de vingt et un ans, laissant dans le
deuil ces insulaires qui, dès le premier jour,

FRANÇOIS-LOUIS-PHILIPPE-MARIE

DUC DE GUISE

avaient ressenti pour sa jeune personnalité la plus vive sympathie.

La ville entière manifesta sa douleur; on fit à celui qui avait été le prince de Condé des funérailles dignes d'un fils de France, et le docteur fut chargé de ramener en Angleterre au duc d'Aumale les restes de son malheureux fils.

Le 11 septembre, après cent deux jours de traversée sur un bâtiment à voiles qui un instant avait été pris dans les glaces, tandis que partie de l'équipage était atteint de congélations partielles des membres, on débarqua enfin à Londres, et le duc d'Aumale reçut les restes mortels du jeune héritier du grand nom de Condé.

Le duc de Guise resta seul; il avait reçu les premières leçons de son père, qui, jusqu'à ce que l'enfant fût devenu un adolescent, consacra chaque jour quelques heures à son éducation historique et militaire. Quoique d'une constitution frêle, le jeune prince, par les exercices du corps, par une hygiène bien entendue, l'escrime et le sport, était arrivé à posséder un tempérament robuste; il suivait son père dans ces chasses où il faut que le corps lutte contre la fatigue et surmonte les obstacles. Le duc d'Aumale, qui est d'une résistance inouïe dans tous ces exercices, s'était appliqué à développer la force de son fils, et celui-ci paraissait avoir doublé sa nature.

Depuis sa rentrée en France, le duc de Guise, qui suivait les cours du lycée Condorcet, se préparait à l'École polytechnique; il montrait une intelligence très-ouverte, passait pour un camarade sûr et bienveillant à tous; il était doué d'un esprit vif et prompt à la repartie.

Le 25 juillet 1872, le jeune prince, foudroyé pour ainsi dire par une fièvre scarlatine, a été enlevé à son père et aux espérances de sa famille.

Le duc de Guise, avait dix-huit ans !

ANTOINE-MARIE-PHILIPPE-LOUIS

DUC DE MONTPENSIER

DUC DE MONTPENSIER.

Antoine d'Orléans, duc de Montpensier, est le
dernier fils du roi Louis-Philippe. Pendant que ses
frères servaient déjà leur pays en Afrique, le plus
jeune restait auprès du Roi, qui avait pour lui une
tendresse particulière et fondait de grandes espérances sur son dernier-né. Les témoins de sa jeunesse racontent qu'il avait pris, au contact de son
père, les manières, le geste et jusqu'à la voix du
Roi.

Louis-Philippe voulut cependant qu'Antoine d'Orléans fût soumis au même régime d'éducation que
les autres princes, et lui fit suivre les cours du
collége Henri IV. En 1842, à l'âge de dix-huit ans,
il passa ses examens pour l'École polytechnique, et
fut nommé sous-lieutenant au 3e régiment d'artillerie. L'année suivante, le 17 décembre 1843, il
changea de régiment, et passa au 4e d'artillerie
comme capitaine commandant la 7e batterie. En
février 1844, le maréchal Bugeaud, alors gouverneur général de l'Algérie, entreprit l'expédition

contre Biskara ; le duc venait d'avoir vingt ans ; il voulait suivre ses frères et marcher sur leurs traces ; il passa donc en Afrique, où le maréchal lui donna une mission spéciale. Après avoir reconnu le défilé de l'Elkantara, comme officier d'artillerie, il devait faire exécuter les travaux nécessaires pour le passage des pièces de campagne. Un mois plus tard, son rôle devenait plus effectif. Placé sous les ordres du duc d'Aumale, la colonne dont il faisait partie se trouva engagée contre un fort parti des tribus arabes de l'Aurès, guidées et soutenues par les réguliers d'Abd-el-Kader. Chargé d'abord de l'artillerie, il dirigea ses pièces, pendant sept heures que dura le combat, contre un fort que les Arabes avaient construit au-dessus de la gorge de l'Oued-el-Abiad ; le soir, le duc d'Aumale et lui se mirent à la tête de la réserve, et se lançant à l'assaut de la position difficile et escarpée, l'enlevèrent avec un grand entrain. Le duc de Montpensier, qui jusque-là n'avait eu à faire que des reconnaissances, et qui cette fois avait réellement fait ses premières armes, montra un très-grand sang-froid, et, s'exposant comme le dernier des soldats, reçut même une légère blessure près de l'œil gauche. C'est à cette occasion qu'il fut nommé chevalier de la Légion d'honneur.

Vers cette époque, le Roi ayant résolu de faire une visite à la reine d'Angleterre, emmena avec lui son plus jeune fils, qui venait de rentrer en France avec le grade de chef d'escadron. Mais les expéditions dans l'intérieur de l'Afrique devenaient incessantes; Montpensier, comme ses frères, avait pris goût à la vie des camps; il repartit pour l'Afrique en mars 1845, et le 14 mai, dans un combat livré aux Kabyles de l'Ouarensenis, il se distingua de telle façon que sa réputation militaire fut tout à fait établie. Il était alors lieutenant-colonel.

A la suite de cette seconde expédition, autorisé par le Roi à faire un voyage dans le Levant, il s'embarqua sur le *Gomer*, visita la régence de Tunis, Alexandrie, le Caire, Memphis, Rhodes, Smyrne et Athènes. L'un des grands attraits de ce voyage, qui devait ouvrir de nouveaux horizons à l'esprit du jeune prince, fut l'occasion qu'il eut de connaître Méhémet-Ali et Ibrahim-Pacha. Méhémet-Ali, une des plus curieuses figures de ce temps-ci, sorte de Louis XI enté sur un cardinal de Retz musulman, attirait alors l'attention du monde entier. Celui que M. de Lamartine avait appelé un *aventurier* incarnait en lui l'Égypte; il en était à la fois le seul propriétaire, le seul agriculteur, le seul marchand; il avait battu les Turcs avec une armée de fellahs auxquels il avait communiqué la flamme qui l'animait, et, ajoutant à l'Égypte la Nubie, l'Arabie, la Syrie, en avait fait un empire deux fois grand comme la France.

Le prince venait de se mêler au mouvement militaire comme un simple officier qui ne réclame que sa part des dangers d'une campagne; un tel voyage, exécuté dans des conditions exceptionnelles, était bien fait pour développer son intelligence et initier son esprit au mouvement général des idées de son temps.

M. Antoine de Latour, l'élégant traducteur de Silvio Pellico, à la fois historien et poëte, et auquel on doit une belle série d'études sur l'Espagne, accompagnait le prince dans cette excursion. Il la raconta alors dans une suite de lettres au *Journal des Débats*. Plus tard, ce voyage, « entrepris pour consoler le duc de n'avoir pu faire qu'une promenade au pas de charge dans l'Ouarensenis au lieu d'une campagne en Kabylie », a été publié en un volume accompagné de cartes. Méhémet-Ali, à l'époque où il reçut le fils du Roi, avait soixante-seize ans, et sa verte vieillesse promettait encore à l'Égypte une prospérité féconde; cette grande figure politique est dessinée avec beaucoup de relief dans les pages de M. de Latour.

MARIE-LOUISE-FERDINANDE

DUCHESSE DE MONTPENSIER

A sa rentrée en France, Antoine d'Orléans reçut la grand'croix de la Légion d'honneur, et, le 13 août 1846, fut nommé colonel du 5e régiment d'artillerie. A la fin de la même année, le Roi l'appela au commandement de l'artillerie de Vincennes, avec le grade de maréchal de camp. C'est lorsqu'il exerçait ce commandement qu'il fonda, au collége d'Alger, une bourse, ou deux demi-bourses, en faveur des fils du sous-officier ou garde d'artillerie qui serait regardé comme le plus digne par une commission composée d'officiers de l'arme. C'était d'ailleurs une tradition; car le duc d'Aumale, de son côté, avait fondé une rente perpétuelle de trois cents francs destinée au plus ancien sous-officier des corps tenant garnison dans la province de Constantine.

Pendant que le duc de Montpensier exerçait son commandement à Vincennes, M. Bresson, ambassadeur de France à Madrid, négociait le mariage du dernier fils du Roi avec la sœur de la reine d'Espagne Isabelle II. On n'a point encore oublié en France le retentissement qu'eut alors cette alliance, considérée, sous le nom des « mariages espagnols », comme un des faits les plus considérables du règne de Louis-Philippe. Le gouvernement anglais montra un certain ressentiment à cette occasion ; c'était pour la France une prépondérance dans les affaires de la Péninsule qui portait ombrage à la nation britannique.

Le duc se rendit à Madrid ; la Reine sa belle-sœur lui accorda, à cette occasion, le collier de la Toison d'or. A leur retour en France, les deux époux habitèrent le palais des Tuileries.

L'année 1847 ne présente aucune péripétie, et nous arrivons à l'époque fatale, à la date du 24 février, qui termine la carrière officielle des princes et condamne tant de jeunesse, tant de force, tant de facultés actives, à un exil cruel qui ne cessera que vingt et un ans après.

Le duc de Montpensier, le jour où éclata la révolte, comprit de suite la portée du mouvement ; il fut, dit-on, d'avis que le Roi devait abdiquer en faveur du comte de Paris. Quand Louis-Philippe abandonna la capitale, il l'accompagna jusqu'à Dreux ; de Dreux il se rendit à Grandville, et là, prenant le paquebot de Jersey, passa en Angleterre avec la famille royale. La duchesse de Montpensier, qui était alors grosse de sa fille Marie-Isabelle, devenue aujourd'hui la comtesse de Paris, avait été tout d'abord conduite dans une maison voisine des Tuileries. Le général Thierry, aide de camp du prince, l'accompagna jusqu'à Boulogne, et là veilla au soin de son embarquement pour l'Angleterre. Elle fut reçue à son arrivée sur le sol anglais par le duc de Nemours et le personnel de l'ambassade de France. La jeune Espagnole avait déjà sa part des malheurs qui fondaient sur la famille royale de France; elle avait adopté notre pays comme une seconde patrie, et la révolution faisait aussi d'elle une exilée. Mais elle avait cependant un refuge auprès de sa sœur la reine d'Espagne: l'idée de se fixer dans la Péninsule se présentait tout naturellement à l'esprit; et pourtant ce parti n'était point aussi simple qu'on se l'imagine : le rôle du duc de Montpensier devenait secondaire, sa position délicate; de plus, serait-il accepté par cette famille? quelle serait son attitude? quelle part lui ferait-on? Le gouvernement français enfin, constitué pour le moment en république, ne verrait-il pas d'un œil jaloux cette hospitalité donnée à un fils du Roi?

Quoi qu'il en soit, après avoir passé quelque temps en Hollande, les deux époux s'embarquèrent pour l'Espagne et fixèrent leur résidence à Séville, au palais de San Telmo.

Cette habitation, située près de *las Delicias,* est une ancienne école de marine d'une architecture assez fantasque, d'un goût douteux, mais cependant d'une certaine allure; elle est entourée de beaux jardins qui croissent dans un des climats les plus beaux de l'Europe. Dès qu'il s'y fixa, le duc, condamné à une oisiveté relative, fit tous ses efforts pour embellir sa demeure, dans laquelle il réunit les essences d'arbres les plus rares, dirigea les irrigations, restaura la construction, changea les dispositions intérieures, et en peu de temps fit de San Telmo une charmante habitation, qui joignait au caractère des palais espagnols le confortable français. La végétation admirable, les embellissements de toute nature ajoutèrent un grand charme à cette demeure; l'art vint aussi lui donner un cachet particulier. La galerie de tableaux, très-riche en toiles de l'école espagnole, nous a même fourni des ressources dans notre étude sur un des peintres les plus originaux de l'école, don Francisco de Goya y Lucientes.

Séville, séjour très-doux et plein de charmes, était jusqu'alors un peu morne, et, comme mouvement social, la ville était vouée aux tertullias paisibles et nonchalantes et manquait de vie et d'animation. Après une année de séjour du prince, tout s'était modifié; la promenade de las Delicias, presque toujours déserte, ou fréquentée seulement par quelques cavaliers et de rares équipages, prit une vie nouvelle. Le nombre des voitures, au bout de quelques années, était devenu considérable ; on se recevait, on créait un mouvement qui jusque-là n'avait point existé. Le prince, d'un abord facile, d'une nature aimable et vive, faisait un frappant contraste avec ces figures de l'aristocratie espagnole, très-hospitalières, mais d'un abord parfois austère ; la fusion s'établit bien, et malgré le rang de la duchesse infante, sœur de Reine, cette cour en miniature, avec l'étiquette indispensable, mais qui n'avait point les inconvénients de l'austérité méticuleuse de la cour de Madrid, refléta quelque chose de la gaieté française et des instincts littéraires et artistiques de notre pays.

La situation du duc de Montpensier, que, dès août 1848, la Reine d'Espagne avait nommé grand cordon de l'ordre royal de Charles III, fut d'abord assez facile et assez douce. La duchesse sa femme, pleine des qualités les plus touchantes d'une mère de famille, resta à son foyer, donnant à ses enfants l'exemple des vertus domestiques. L'agriculture, les beaux-arts, l'étude d'un pays nouveau plein de

caractère, plein de ressources, la nécessité pour
un prince français de suivre étroitement et le mouvement particulier à son pays, et le mouvement
général des affaires publiques du monde; quelques
excursions nécessaires dans le pays, des relations
avec les hommes politiques, avec les savants et les
artistes de l'Espagne, remplirent les premières
années. On peut dire que le prince resta complète-
ment en dehors de la politique. Il ne donna de
gage à aucun parti, mena une conduite prudente
et difficilement désintéressée. La reine Isabelle, de
son côté, il faut le reconnaître, traita le duc de
Montpensier en prince et en parent; vers 1858,
elle le nomma capitaine général des armées espagnoles, l'assimilant ainsi aux plus grands digni-
taires du pays. En octobre 1859, elle lui reconnut
les honneurs dus aux infants d'Espagne, et le fit
commandeur mayor d'Aragon dans l'ordre de Cala-
trava.

Les rapports personnels avec la Reine étaient
faciles et doux; Isabelle II, douée de beaucoup
d'esprit naturel, qui de tout temps a excellé à
peindre d'un mot le caractère des personnes de
son entourage, et appliquait volontiers au nom de
chacun d'eux une de ces épithètes pittoresques qui
sont tout un portrait, ne parlait plus à Madrid du

duc de Montpensier qu'en l'appelant « *el Rey de Sevilla* ».

Mais il n'en fut pas toujours ainsi, et nous arrivons désormais aux époques troublées de la politique de la Péninsule. Un mouvement considérable d'opposition se dessinait contre Isabelle II : on attaquait d'abord en elle la personne beaucoup plus que la dignité royale ; les changements incessants de ministère, la lutte passionnée des partis, des dissensions intestines et des fautes que nous n'avons point à juger, désignaient la souveraine aux attaques de ses ennemis. Il se forma dès lors en Espagne un parti qui, s'il ne jeta pas les yeux sur la sœur de la Reine, opposa du moins à Isabelle II la duchesse de Montpensier.

Nous n'avons point à entrer dans les détails de ces conspirations de *camarilla*, quoique l'histoire, au point de vue de la chronique politique de l'Espagne, en puisse présenter un certain intérêt. Presque une année avant le mouvement révolutionnaire qui porte au pouvoir le général Prim et le maréchal Serrano, après la bataille du pont d'Alcolea, et la retraite de la reine d'Espagne en France (29 septembre 1869), le président du conseil des ministres, Gonzalez Bravo, invite le duc de Montpensier à quitter l'Espagne, sous le prétexte que le duc conspire, et qu'il peut, à un moment donné, devenir le drapeau d'un parti.

Il n'y a point à nier que certains hommes politiques de l'Espagne, par la force même des choses, jetant les yeux autour d'eux, n'aient pensé alors à faire de la sœur de la Reine son successeur au trône d'Espagne. Le maréchal O'Donnell lui-même, le chef de l'Union libérale, s'est peut-être arrêté un instant à cette combinaison. Mais ce qui est certain, c'est que le duc de Montpensier, sans se désintéresser du mouvement, n'avait pas donné de gages aux partis. L'exil du prince en Portugal lui rendait sa liberté d'action; il adressa à la Reine sa démission de capitaine général, celle de son titre d'infant; et lui renvoya les ordres dont elle l'avait décoré.

A partir de cette période (1869), l'existence du prince est tout à fait troublée; il existe désormais un parti montpensiériste que le plus intéressé ne saurait dissoudre. La république semble une utopie; la reine Isabelle détrônée, son fils, le prince des Asturies, est emporté dans la tourmente, et les candidatures les plus étranges sont mises en avant; — nous avons fait en ce genre la cruelle expérience des inventions les plus inattendues. — Cependant le prince ne manifeste point encore; il reconnaît le gouvernement provisoire, et demande l'autorisation de retourner à Séville, sa résidence habituelle.

Le parti existe, il prend un corps, il a ses organes, la propagande se développe ; mais l'empereur des Français règne, et tant qu'il sera sur le trône de France, jamais un d'Orléans ne pourra ceindre la couronne d'Espagne. La révolution de 1869, comme celle de 1848, avait dépassé le but ; elle pouvait détrôner la Reine et accepter la reconnaissance du prince des Asturies ; mais la branche des Bourbons d'Espagne tout entière était en cause ; la sœur de la Reine, toujours respectée dans son caractère et personnellement honorée, ne pouvait plus être en question comme souveraine. C'est alors que le parti modifia ses espérances, et il se forma aux Cortès un noyau plus ou moins fort, mais cependant appréciable, qui, en face des événements qui avaient brisé le trône des Bonaparte, pensait encore à offrir la couronne d'Espagne au duc de Montpensier.

Dans quelle mesure le prince lui-même est-il entré dans ces vues ? quelle est la portée réelle des négociations entamées avec l'ex-Reine ? Ceci est du domaine des conjectures, et nous n'avons nullement mission de tracer un programme politique.

La situation était devenue très-cruelle pour le

duc de Montpensier, exposé désormais à toute la fureur des partis, et des manifestations, les unes hostiles, les autres sympathiques, vinrent rendre le séjour à Séville difficile et dangereux. En janvier 1870, alors que l'état des choses éloignait absolument la dynastie déchue, la candidature du prince aux Cortès fut mise en avant dans deux colléges électoraux : à Oviedo et à Avila ; elle échoua dans l'un et l'autre.

C'est ici que se place dans la vie du prince un événement très-dramatique, qui eut un caractère fatal et que personne ne fut maître de conjurer. Il existait alors en Espagne, à côté du trône, un frère du mari de la Reine, l'infant don Henrique, personnage d'un caractère singulier, mélange de qualités réelles et de défauts dangereux, sorte de réfractaire et d'indiscipliné qui avait naturellement rang de prince. La Reine lui avait conféré le grade de vice-amiral dans la flotte espagnole. Dissipateur, violent, nature mal équilibrée, tour à tour partisan de la Reine ou son mortel ennemi, brusquement séparé du Roi après une aventure qui avait fait trop de bruit, puis bientôt ramené près de lui par le besoin ; enrôlé enfin dans le parti avancé, don Henrique avait été regardé comme une utile recrûe pour le parti de l'opposition. La bonté réelle d'Isabelle II n'eût pas demandé mieux que de rattacher à elle et à son mari ce frère prodigue. Don Henrique, qui avait vu dans le duc de Montpensier un prétendant, l'avait insulté plusieurs fois de telle sorte, qu'il semblait difficile à un homme de ne point demander raison de ces outrages. L'insulte avait été publique; cependant les deux adversaires, dont l'un était tout à fait passif, étaient toujours loin l'un de l'autre; un jour vint où le hasard les ayant réunis tous deux dans la même ville, l'infant renouvela son insulte. Le duc de Montpensier envoya le général Alaminos à l'infant, et la rencontre fut décidée.

Le combat eut lieu aux environs de Madrid, à l'endroit dit « las Ventas de Alcorcon ». L'arme choisie était le pistolet, et les conditions posées faisaient de cette lutte une guerre à outrance.

Don Henrique, que le sort avait favorisé, fit feu le premier; sa balle passa au-dessus de l'épaule du duc, qui, son tour venu, tira en l'air, espérant qu'il pourrait ainsi mettre fin au combat. Mais les armes furent rechargées, et la seconde balle de don Henrique effleura les cheveux du duc. Celui-ci riposta; et cette fois le projectile, portant sur le canon même du pistolet de l'infant, se brisa en morceaux et l'atteignit légèrement lui-même.

En vain le duc de Montpensier, après ces deux coups de feu échangés de part et d'autre, pressa-t-il les témoins de mettre fin à la rencontre ; il fallut recommencer. A la troisième et dernière reprise, don Henrique, nature nerveuse et impressionnable, semblait agité et comme exaspéré par le sang-froid de son adversaire ; il tira sans que son coup portât, et la troisième balle du duc de Montpensier atteignit l'infant entre l'œil droit et la tempe.

Don Henrique tomba comme une masse les bras étendus et la face contre terre.

Le corps de l'infant, ramené à Madrid, pouvait devenir le prétexte d'une agitation dans la rue ; le gouvernement donna l'ordre de le déposer à Carabancel. Quant au duc de Montpensier, au lieu de rejoindre immédiatement sa famille à Séville, il dut s'arrêter à Madrid, où il avait loué une maison rue Fuencarral.

Ceux qui avaient intérêt à attaquer le prince se firent une arme de cette malheureuse rencontre, et on oublia qu'il n'avait pas été maître de s'y soustraire.

Quelques mois après, la guerre contre la Prusse était déclarée, et cette épreuve, bien autrement douloureuse pour un prince français que toutes ces luttes politiques si violentes qu'elles fussent, détournèrent le duc de l'Espagne pour le laisser concentrer toutes ses pensées sur le grand drame dont la France était le théâtre. Il partagea le sort de ses frères, et ne put que faire des vœux pour son pays.

En Espagne, l'avénement au trône du duc d'Aoste était un fait qui mettait, pour un instant, un terme à la compétition des partis ; mais dès qu'il fut établi que la royauté d'Amédée, malgré les enthousiasmes qui avaient semblé l'accueillir à son voyage dans le sud de la Péninsule, n'était pas exempte de soucis et d'incertitudes cruelles, on vit encore se dessiner dans les Cortès un parti montpensiériste, où la plupart des partisans étaient plus royalistes que le Roi.

Les difficultés incessantes qui entourent le souverain actuel de l'Espagne, les tentatives faites par les hommes politiques qui espèrent asseoir cette dynastie, font croire à un grand nombre que le pays est encore à la veille d'une révolution.

Le duc est actuellement à Paris, et ceux qui ont connu le jeune officier d'artillerie de 1846, mince, élégant, d'une allure cavalière, aux fines moustaches blondes, le reconnaîtraient difficilement dans le personnage puissant qui porte aujourd'hui la longue barbe et est devenu plus majestueux que

svelte. Le portrait que nous donnons ici, fait cependant d'après des documents sérieux, retarde
donc de quelques mois.

Le duc est essentiellement une nature aimable
et facile; il avait autrefois dans le populaire une
réputation de hauteur et de fierté qui est loin d'être
justifiée; il est d'un abord extrêmement simple,
d'un certain enjouement de caractère, et d'un
commerce très-agréable. On le devine vite, et il se
laisse facilement lire.

Il est d'une nature vive et extrêmement mobile.
C'est surtout aux soins de l'agriculture, aux embellissements et à l'exploitation intelligente de la
terre, et à l'éducation de sa nombreuse famille,
qu'il s'est voué pendant l'exil. Doué d'une rare
faculté de compréhension et d'une facilité extraordinaire, il travaille comme en se jouant et s'assi-
mile rapidement les choses les plus ardues, passant avec une vivacité inouïe d'un sujet à un autre.

La duchesse de Montpensier, sœur de la reine
Isabelle, a toujours donné l'exemple de toutes les
vertus domestiques. Mère d'une nombreuse famille, elle s'est vouée absolument aux siens, et son
histoire ne saurait s'écrire. Sa position a été souvent difficile en Espagne, en raison des circon-

stances que nous avons exposées, et dans cet exil, qui devait au moins donner le repos au prince son mari, elle a trouvé au contraire un long sujet d'inquiétudes.

Six enfants sont nés de ce mariage :

Ferdinand-Marie-Henri-Charles, né le 30 mai 1859 ;

Antoine-Marie-Louis-Philippe-Jean-Florence, né le 23 février 1866 ;

Louis-Marie-Philippe-François de Paule, né le 30 avril 1867 ;

Marie-Isabelle-Françoise d'Assise, née le 21 septembre 1848 (mariée au comte de Paris) ;

Marie-*Christine*-Antoinette, née le 29 octobre 1852 ;

Marie de las Mercedes-Isabelle-Françoise-Antoine-Louise-Fernande, née le 24 juin 1860.

PRINCESSE CLÉMENTINE.

Mariée le 20 avril 1843 au prince Auguste de Saxe-Cobourg-Gotha, la princesse Clémentine, troisième fille du roi Louis-Philippe, a suivi la destinée que les circonstances tracent aux filles des Rois. Sa vie s'est écoulée loin de sa patrie, mais son cœur, resté français, a cruellement souffert de nos derniers désastres. Aussi a-t-elle été des premières à accourir à Paris, aussitôt que la France a été rouverte à sa famille par la loi qui a aboli le décret d'exil.

Le prince Auguste, son mari, est officier général dans l'armée autrichienne. La princesse a eu de son mariage trois fils et deux filles : l'aîné de ses fils a fait dans l'armée autrichienne la guerre de 1866 contre la Prusse ; le second, aujourd'hui déjà veuf, a épousé en 1864 la princesse Léopoldine, seconde fille de l'Empereur du Brésil. L'aînée de ses filles a épousé l'archiduc Joseph.

———

La princesse Marie, si populaire parmi nous, et dont le souvenir est resté vivant en France et par ses talents et par ses vertus, avait donné le jour, le 30 juillet 1838, à Neuilly, au prince Philippe de Wurtemberg.

Dès sa première enfance, et jusqu'au 24 février 1848, élevé sous les yeux et par les soins personnels de son aïeule, la reine Marie-Amélie, le prince fut confié par son père à un précepteur français.

Constamment fidèle aux sentiments de sa famille maternelle, ce jeune prince devenu homme, et voyant les portes de la France se fermer devant lui, entra au service militaire de l'Autriche. Plus tard, il épousa la jeune archiduchesse fille de l'archiduc Albert. Dès que la loi d'exil fut abrogée, il s'empressa, en juin 1871, de venir rejoindre ses cousins à Paris.

TABLE DES MATIÈRES.

TABLE DES GRAVURES.

LABOR·
IMPROBVS·
H·P
OMNIA VINCIT